Die Welt der
Dinosaurier

Die Welt der Dinosaurier

von L. B. Halstead

Illustrationen von Giovanni Caselli

Neuer Tessloff Verlag

Inhalt

- 8 VORWORT

- 10 WAS IST EIN DINOSAURIER?
- 12 Geologische Zeitrechnung
- 14 Altersbestimmung
- 15 Der Stammbaum der Dinosaurier
- 16 Fossile Belege
- 18 Rekonstruktion eines Dinosauriers

- 20 DIE HERKUNFT DER REPTILIEN
- 20 Vom Wasser auf das Land
- 22 Erste Schaleneier
- 24 Die Eroberung des Festlandes

- 26 DIE TRIASZEIT – vor 225 bis 190 Millionen Jahren
- 30 Die Herkunft der Dinosaurier
- 31 Die ersten fleischessenden Dinosaurier
- 34 Die ersten pflanzenessenden Dinosaurier
- 36 Plateosaurus, der erste warmblütige Dinosaurier
- 38 Melanosaurus und die ersten Vogelbecken-Dinosaurier
- 39 Tiere der Niederungen
- 41 Tiere des Hochlandes
- 43 An den Gestaden des Tethysmeeres
- 46 Meeresbewohnende Reptilien der Triaszeit
- 48 Fliegende Reptilien und Fallschirmsaurier

Vorwort

Vor 64 Millionen Jahren sind alle Dinosaurier ausgestorben. Kein Mensch hat jemals einen lebenden Dinosaurier gesehen, weil die Familie Mensch in jener Zeit noch gar nicht existierte. Dennoch ist das Interesse für diese merkwürdigen Tiere außerordentlich groß und weit verbreitet. Noch vor 150 Jahren wußte niemand, daß es solche riesigen Reptilien überhaupt gegeben hat – bis dann ihre ersten Fossilien entdeckt und deren Bedeutung erkannt wurde. Für Wissenschaftler war das eine Sensation. Bald begann man planmäßig nach weiteren Spuren zu suchen und die gefundenen Knochen und Abdrücke zu sammeln, und das Wissen um die vorgeschichtlichen Erdbewohner erweiterte und vertiefte sich. Die Paläontologie, die Wissenschaft von den Fossilien, blühte auf, besonders nachdem Charles Darwin um die Mitte des vorigen Jahrhunderts seine Theorie von der Entstehung der Arten veröffentlicht hatte. Heute weiß man nicht nur, wie die vielen verschiedenen Dinosaurier ausgesehen und wie sie sich verhalten haben; durch gemeinsame Forschung von Paläontologen und Geologen weiß man auch, wie die Umwelt beschaffen war, in der sie lebten.

Dieses Buch vermittelt eine moderne, umfassende Darstellung der imponierenden Reihe der Dinosaurier im Licht der neuesten Forschungsergebnisse. Viele interessieren sich für diese spektakulären Tiere der Vergangenheit, aber nur wenige wissen, wie zahlreich und vielfältig sie sich in den 140 Millionen Jahren ihres Existierens entwickelt haben. Hunderte von verschiedenen Arten wurden entdeckt, wenn man auch nicht von allen vollständige Skelette gefunden hat. Von einigen Arten wissen die Fachleute erst wenig, von anderen aber kennen sie sogar die Färbung und Beschaffenheit der Haut. Wie bei jeder Art Forschung über die Vergangenheit wird

Copyright © 1975 by Eurobook Limited, London

Copyright © 1975 (deutsche Ausgabe) by Neuer Tessloff Verlag, Hamburg

3 Auflage 1978
31. - 40. Tausend

Alle Rechte der Verbreitung dieses Buches oder von Teilen daraus durch Film, Funk oder Fernsehen, der Nachdruck und die fototechnische Wiedergabe sind vorbehalten.

Deutsche Übersetzung von Thomas M. Höpfner

ISBN 3-7886-0141/8

50	DIE JURAZEIT – vor 190 bis 136 Millionen Jahren	72	DIE KREIDEZEIT – vor 136 bis 64 Millionen Jahren	
52	Fleischessende Dinosaurier der Jurazeit	74	Moderne Pflanzen und Tiere der Kreidezeit	95 Wie die Hadrosaurier lebten
54	Der erste Vogel	76	Fleischessende Dinosaurier der Kreidezeit	98 Horn-Dinosaurier
56	Die großen Sauropoden Diplodocus und Apatosaurus	79	Die klauentragenden Dinosaurier	100 Die Entwicklung der Ceratopsia
58	Camarasaurus und Brachiosaurus	80	Die kleinen Fleischesser	102 Niederungen in der frühen Kreidezeit
60	Camptosaurus	82	Die Ankylosaurier	104 Niederungen der späten Kreidezeit
62	Stegosaurier	84	Iguanodon und die Ornithopoden	107 Marine Reptilien der Kreidezeit
63	Die Küstenebenen Ostafrikas	86	Ouranosaurus, Tenontosaurus und Hypsilophodon	108 Pteranodon, der geschickte Segler
66	Die Lagunen der Jurazeit	88	Die Pachycephalosaurier	110 Das Ende der Dinosaurier
68	Reptilien im Meer	90	Die Entenschnabelechsen	110 Reptilien der Neuzeit
71	Schwimmtechniken	90	Die Entwicklung der Entenschnabelechsen	
		92	Theorien über Hadrosaurier-schädel	Index

das Wissen dadurch erweitert, daß man neue Entdeckungen vergleichend den schon bekannten Tatsachen hinzufügt. So wird durch Rückschluß und auch durch Vergleich mit noch lebenden Reptilien deutlich, wie bestimmte Knochen einzufügen sind und wo die Muskeln befestigt waren, bis schließlich ein deutliches Bild der Gestalt und Lebensweise eines Dinosauriers entsteht.

Die Illustrationen in diesem Buch wurden nach exakten und langjährigen Studien von Wissenschaftlern geschaffen. Alle Tiere und ihre Umwelt sind so genau wie möglich dargestellt. Einige der bisherigen Dinosaurier-Darstellungen wurden kürzlich aufgrund neuester Entdeckungen berichtigt – wir zeigen dann das alte und das neue Bild.

Versuchen wir uns vorzustellen, wie groß die Zeitspanne war, in welcher die Dinosaurier existierten: Seit Beginn unserer Zeitrechnung haben 80 Generationen von Menschen gelebt – für eine Generation immer 25 Jahre gerechnet. Der erste richtige Mensch, *Homo sapiens*, erschien vor etwa 250 000 Jahren – also vor 10 000 Generationen. Das Zeitalter der Dinosaurier währte ungefähr 140 Millionen Jahre. Wir wissen, daß ein großer Dinosaurier etwa einhundert Jahre alt werden konnte; fortpflanzungsfähig wurde er vermutlich etwa im gleichen Alter wie der Mensch, so daß wir auch bei ihm einen Generationswechsel von 25 Jahren ansetzen können. So gerechnet, haben vom Beginn der Dinosaurier bis zu ihrem Aussterben rund 5 500 000 Generationen von Dinosauriern gelebt. Noch in der zweiten Hälfte der Kreidezeit, als sich die Entenschnabelechsen und die Horndinosaurier entwickelten, reichte die Zeit für das Entstehen und Vergehen von 1 500 000 Generationen!

DANKSAGUNG
Der Autor möchte folgenden Persönlichkeiten für ihre freundliche Hilfe danken: Prof. Zofia Kielan-Jaworowska (Warschau); Dr. A. J. Charig und C. A. Walker (Britisches Museum, Abt. Naturgeschichte, London); Sandra Collo und Linda Barber. Mitverarbeitet wurden vom Autor neueste Forschungsergebnisse, veröffentlicht von Cherrie Bramwell *(Pterosaurier)*, Dr. P. M. Galton *(Hypsilophodon)*, B. H. Newman *(Tyrannosaurus)*, Dr. J. Ostrom *(Hadrosaurier und Ceratopsia)*.

Was ist ein Dinosaurier?

Die Dinosaurier waren riesige Reptilien, die die Erde 140 Millionen Jahre lang beherrschten. Während dieser Zeit verwandelte sich die Welt, in der sie lebten, auf vielfache Weise. Die Erdteile rückten auseinander, das Klima änderte sich, die Pflanzen entwickelten sich aus einfachen Formen zu Bäumen und Blütenpflanzen, ganz ähnlich schon der heutigen Flora. Die Dinosaurier waren imstande, sich außerordentlich wechselnden Lebensbedingungen mit vielseitigen Formen anzupassen. Dennoch sind sie vor etwa 64 Millionen Jahren fast plötzlich und auf geheimnisvolle Weise von der Erde verschwunden. Doch ihre lange Herrschaft gilt als der Höhepunkt tierischen Lebens auf unserem Planeten.

Dinosaurier, das bedeutet „schreckliche Echse". Wir bestaunen an den Dinosauriern vor allem deren gewaltige Größe. Die größten Arten waren höher als ein zweistöckiges Haus und sogar die mittleren noch doppelt so groß wie ein Elefant. Warum wurden sie so riesig?

Sehr wichtig ist für ein Tier die Fähigkeit, seine Innen- oder Körpertemperatur konstant zu halten. Wenn diese Temperatur steigt, beschleunigen sich alle inneren Vorgänge wie zum Beispiel Atmung und Verdauung. Sinkt die Temperatur, verlangsamen sich diese Prozesse, die Organe leisten weniger, sie verlieren schließlich an Funktionsfähigkeit. Vögel und Säugetiere halten ihre Körpertemperatur dadurch, daß sich ihre Stoffwechselrate entsprechend erhöht, das heißt, die Nahrung wird durch beschleunigte Verbrennung in Energie umgewandelt. Die Dinosaurier hielten ihre Körpertemperatur auf einzigartige Weise aufrecht – sie wuchsen sich zu Riesen aus.

Je größer ein Tier ist, desto länger braucht es, um abzukühlen oder sich zu erwärmen. Beim 30 Tonnen schweren Dinosaurier Apatosaurus zum Beispiel dauerte es 84 Stunden (über drei Tage), bis seine Körpertemperatur sich um 1 Grad Celsius änderte. Die Innentemperatur eines Dinosaurierkörpers blieb darum verblüffend konstant, und alle seine organischen Prozesse konnten sehr stetig und ohne jähe Schwankungen ablaufen. Dieser meisterlichen Wärmeregulierung verdankten es die Dinosaurier, daß sie auf der Erde so lange bestehen konnten.

Kein Mensch hat jemals einen lebenden Dinosaurier gesehen, denn alle Dinosaurier sind vor mehr als 60 Millionen Jahren ausgestorben, lange bevor der erste Mensch sich entwickelt hatte. Noch vor 150 Jahren ahnte niemand, daß diese merkwürdigen Reptilien überhaupt existiert hatten. Dank langjähriger Forschung wissen wir heute ziemlich viel über die Dinosaurier und ihre Zeit. Wir wissen, wie sie wirklich ausgesehen haben und wie vorzüglich sie sich den vorzeitlichen Umweltbedingungen angepaßt haben.

Triceratops   Stegoceras   Apatosaurus

Brachiosaurus *Compsognathus* *Tyrannosaurus*

GEOLOGISCHE ZEITRECHNUNG

Die Geologen unterteilen die vielen tausend Jahrmillionen, die seit dem Entstehen der Erde verstrichen sind, in erdgeschichtliche Zeitabschnitte. Sie unterscheiden fünf große *Zeitalter:* Die Erdurzeit (Azoikum) rechnen sie vom Beginn bis vor etwa 3,1 Milliarden Jahre; die Erdfrühzeit (Präkambrium), der längste Zeitabschnitt, dauerte zweieinhalb Milliarden Jahre. Ihr folgt das Erdaltertum (Paläozoikum), das vor etwa 200 Millionen Jahren ins Erdmittelalter (Mesozoikum) übergeht. Fast 140 Millionen Jahre später, vor 62 Millionen Jahren, beginnt dann die Erdneuzeit (Känozoikum). Außer der Erdurzeit sind die Zeitalter untergliedert in *Formationen,* und diese sind wiederum unterteilt in sogenannte *Abteilungen.* Über die Dauer der einzelnen Zeitabschnitte haben sich die Geologen aller Länder weitgehend geeinigt; doch gibt es noch manchmal einige Differenzen, hervorgerufen vor allem durch neue Funde und Entdeckungen.

Das Alter der Erde, des Mondes und der Meteoriten wird auf viereinhalb bis fünf Milliarden Jahre geschätzt. Die ältesten noch vorhandenen Gesteine der Erde haben ein Alter zwischen 3,7 und 3,9 Milliarden Jahren. Die allerersten Lebensspuren liegen 3,2 Milliarden Jahre zurück; es sind Bakterien und einfachste einzellige Pflanzen (Blaualgen). Vor etwa 1900 Millionen Jahren entwickelten sich mehrzellige Pflanzen in den Meeren.

Das Tierleben muß etwa zu dieser Zeit begonnen haben; doch gibt es nur wenige Spuren, die älter sind als etwa 680 Millionen Jahre. Vor rund 600 Millionen Jahren, zu Anfang des Kambriums, mit dem das Erdaltertum (Paläozoikum) einsetzt, bildeten sich bei vielen Meerestieren erstmals Hartteile – Schalen und Rückenschilde. Von da ab haben sich tierische und pflanzliche Fossilien im Überfluß erhalten.

Auch die Vorfahren der Wirbeltiere (Vertebraten) werden für uns in Resten erst greifbar, nachdem sie vor 500 Millionen Jahren, im Ordovizium, Knochenpanzer erworben hatten. Am Ende des Silurs (vor etwa 400 Millionen Jahren) traten die ersten Kieferfische und die ersten Landpflanzen auf. Es folgte das Devon, die große Zeit der Fische; Insekten erschienen, und am Ende des Devons gab es die ersten Amphibien.

Vor 300 Millionen Jahren, im mittleren Karbon (dem Zeitalter der Amphibien), wurden die ersten Eier mit fester Schale gelegt: Nun konnten sich Reptilien entwickeln. Aber erst im Perm, vor 280 Millionen Jahren, verbreiteten sich die Reptilien über die Festlandzonen.

Dem Erdaltertum folgte vor etwa 200 Millionen Jahren das Erdmittelalter (Mesozoikum), das Zeitalter der Dinosaurier. Das Mesozoikum gliedert sich in drei Formationen: In der ersten, der Trias, begann die Entwicklung der Dinosaurier. Die mittlere Formation, die Jurazeit, brachte die größten Landtiere hervor, die jemals gelebt haben. Wäh-

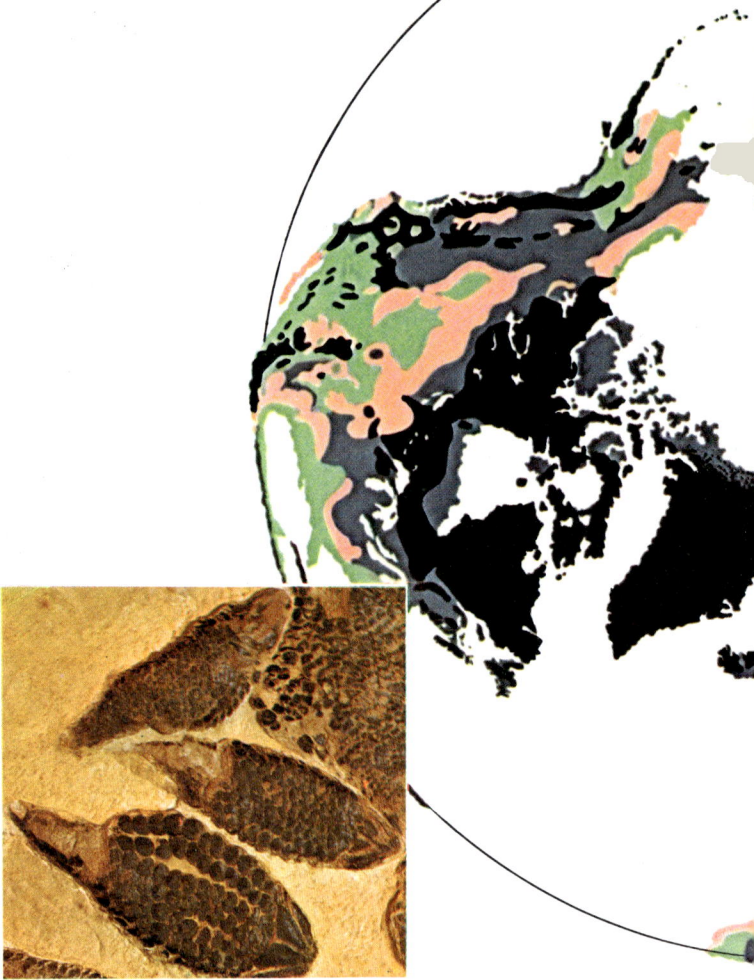

Oben: *Holoptychius,* ein primitiver Fisch aus dem Paläozoikum, dem Zeitalter der Fische. Aus Quastenflossern wie diesen entwickelten sich vor 345 Millionen Jahren die Wirbeltiere.

Rechts: *Coelophysis,* ein kleiner fleischessender Dinosaurier aus dem Mesozoikum, dem Zeitalter der Reptilien. Als sich Coelophysis vor etwa 200 Millionen Jahren entwickelte, hatten sich die Reptilien bereits an das Leben auf dem Festland angepaßt, und einige waren schnelle, geschickte Jäger geworden.

Rechts: Vom Leben auf unserer Erde gibt es bis vor etwa 600 Millionen Jahren nur wenige Spuren. Setzen wir die Zeit, die seitdem vergangen ist, mit einer Stunde gleich, so entspräche jede Minute auf der Uhr 10 Millionen Jahren. Das Paläozoikum (Erdaltertum) dauerte etwa 375 Millionen Jahre, das Mesozoikum (Erdmittelalter), das Zeitalter der Dinosaurier, dauerte 161 Millionen Jahre und das Känozoikum (Erdneuzeit) 64 Millionen Jahre. Der Mensch existiert erst etwa 2 Millionen Jahre — auf der Zeituhr also kaum 15 Sekunden.

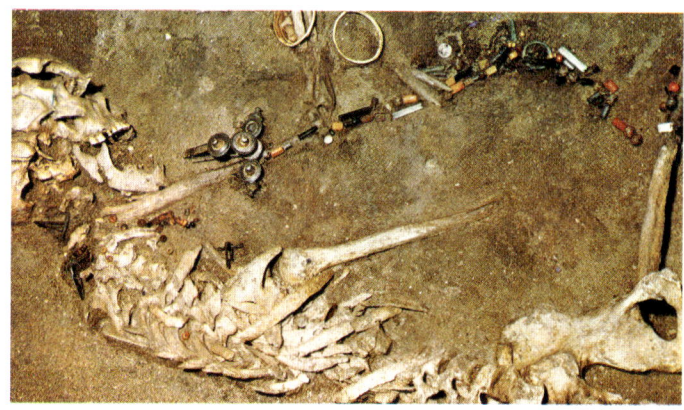

Links: *Palaeoparadoxia,* ein riesiger Wombat aus dem Känozoikum, dem Zeitalter der Säugetiere. Nach dem Mesozoikum begann die Herrschaft der Säugetiere, von denen einige kaum vorstellbare Ausmaße erreichten.

Oben: Ein menschliches Skelett, über 2000 Jahre alt. Es stammt aus dem Quartär, der letzten Formation des Känozoikums: dem Zeitalter des Menschen. Der moderne Mensch, der *Homo sapiens,* existiert erst seit etwa 225 000 Jahren.

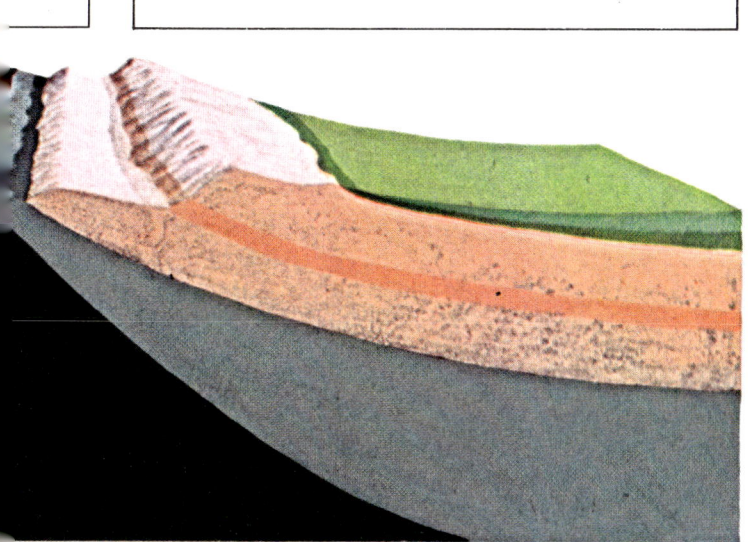

Fossiltragende Gesteine sind Kalkstein, Sandstein, Tone und Schiefertone. Es sind Sedimentgesteine, die übereinanderliegende Schichten bilden. Durch Bewegungen in der Erdkruste wurden alte Gesteinsschichten gehoben, gebrochen oder aufgefaltet; dabei kommen, oft auch durch Einwirkung der Erosion, Fossilien von Tieren zutage, die vor Jahrmillionen gelebt haben.

Die Farben zeigen, aus welchen geologischen Zeitaltern die Gesteine stammen: Präkambrium (grau), Paläozoikum (rosa) und Känozoikum (grün). Die Erdkarte oben zeigt, wo Gesteine aus den verschiedenen geologischen Zeitaltern heute an der Erdoberfläche vorkommen.

rend der darauffolgenden Kreidezeit erreichte das Zeitalter der Dinosaurier seinen Höhepunkt. Dann aber, ganz unvermittelt, verschwanden alle Dinosaurier von der Erdoberfläche. Es begann das Tertiär, die erste Formation der Erdneuzeit. Damit kam das Zeitalter der Säugetiere. Vor etwa zwei Millionen Jahren brach schließlich mit dem Quartär die Zeit des Menschen an.

Altersbestimmung

Man kann das Alter von Gesteinen auf zweierlei Weise bestimmen. Einmal nach der relativen Methode, ausgehend von der Tatsache, daß immer, wenn Sand und Schlamm ins Meer gespült werden, jüngere Schichten sich über die älteren lagern. Danach läßt sich das relative Alter der Sedimente bestimmen, aber nicht, wie alt sie wirklich sind. Bei der zweiten Methode werden radioaktive Stoffe in verschiedenen Gesteinstypen analysiert. Radioaktive Elemente, die Strahlen abgeben, verändern sich innerhalb ganz bestimmter Zeiträume. Uran zum Beispiel verwandelt sich nach mehreren Zwischenstufen endlich in Blei. Der Wissenschaftler berechnet anhand der Uran- und der Bleimenge, die er in einem Gestein vorfindet, wie viele Jahre seit der Bildung des Gesteins vergangen sind. So kann man viele wichtige Ereignisse in der Geschichte unserer Erde ziemlich genau datieren.

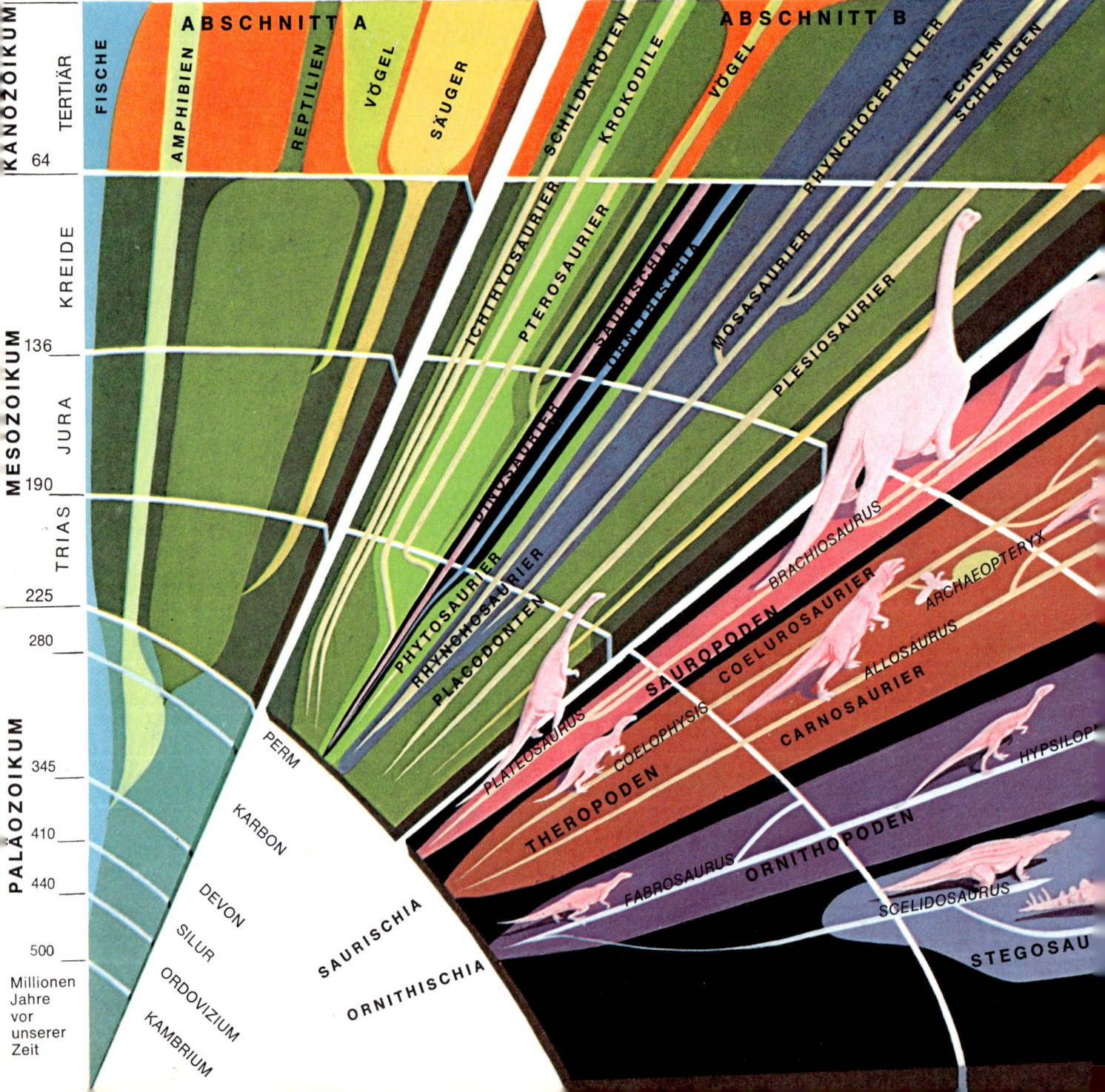

DER STAMMBAUM DER DINOSAURIER

Jedes Lebewesen gehört entweder zum Pflanzen- oder zum Tierreich. Das Tierreich wiederum gliedert sich in sehr viele markante Gruppen, die alle ihre besonderen, kennzeichnenden Merkmale aufweisen.

Zu den erfolgreichsten Tiergruppen zählen die Wirbeltiere (Vertebraten), die sich von anderen Tieren darin unterscheiden, daß sie eine Wirbelsäule und ein Cranium, ein Schädeldach (Gehirnschädel), besitzen. Heute gibt es fünf Grundformen von Wirbeltieren. Die urtümlichsten sind die Fische, die durch Kiemen atmen und mit Hilfe eines Muskelschwanzes schwimmen. Es folgen die Amphibien, Tiere mit zwei verschiedenen Lebensweisen wie die Frösche: Die Kaulquappen verbringen ihr Leben im Wasser und sind Kiemenatmer wie die Fische; wenn sie älter werden, verwandeln sie sich in eine adulte (erwachsene) Form, verlieren die Kiemen, bekommen Lungen und werden zu Landbewohnern.

Die Reptilien, die dritte Gruppe, waren die ersten Wirbeltiere, die nur auf dem Land lebten. Ihre Jungen entwickeln sich nicht im Wasser, sondern im Inneren eines festen Eies. Ohne die Herausbildung dieses Eityps wäre kein Wirbeltier vom Wasser unabhängig geworden.

Die letzten beiden Gruppen (Biologen sagen: Klassen) lebender Wirbeltiere sind die warmblütigen Vögel und die Säuger unter Einschluß des Menschen. Beide Gruppen ziehen ihre Jungen auf, bis diese für sich selbst sorgen können.

Die Saurier waren Reptilien, und zwar die formenreichsten, die es je gegeben hat. In den vierzig Millionen Jahren ihres Bestehens änderten sie sich und entwickelten Hunderte von verschiedenen Arten.

Alle Dinosaurier gehören zur Klasse der Groß- oder Archosaurier. Es gibt zwei Hauptgruppen von Dinosauriern: die Echsenbecken-Dinosaurier (Saurischia) und die Vogelbecken-Dinosaurier (Ornithischia). Beide Gruppen (der Biologe sagt: Ordnungen) werden nochmals unterteilt.

Zu den Saurischia stellt man die Sauropoden oder Elefantenfuß-Dinosaurier – riesige Pflanzenesser, die sich zeit-

*Die Entwicklung der Wirbeltiere. Teil A zeigt die Entwicklung der 5 Klassen: Fische, Amphibien, Reptilien, Vögel und Säuger. Teil B zeigt die Entwicklung der Reptilien, Vögel und Säuger im Zeitalter der Dinosaurier.
Teil C zeigt die Entwicklungslinien der Dinosaurier. Es gab zwei Hauptgruppen: Die Echsenbecken-Dinosaurier (rosa) und die Vogelbecken-Dinosaurier (blau).
Jedes der gezeigten Tiere steht für eine Dinosaurier-Familie.*

weise im Wasser aufhielten und an Land auf vier Beinen gingen – und die landbewohnenden Theropoden oder Raubtierfuß-Dinosaurier, die zweibeinig gingen und Fleischesser waren.

Bei den Ornithischia unterscheiden wir vier Gruppen, die Ornithopoden (Vogelfuß-Dinosaurier), die Ceratopsia (Horndinosaurier), die Stegosaurier (Stachel-Dinosaurier) und die Ankylosaurier (Panzer-Dinosaurier). Sie alle waren Pflanzenesser.

Die Ceratopsia, die sich aus den zweibeinig laufenden Ornithopoden entwickelten, liefen vierbeinig, hatten Hörner am Schädel und oft einen Nackenschild. Stegosaurier und Ankylosaurier liefen ebenfalls vierbeinig und entwickelten eine dicke, knöcherne Panzerung. Bei den Stegosauriern nahm sie die Form vertikal stehender, spitz zulaufender Knochenplatten an; bei den Ankylosauriern bestand sie in Knochenplatten, die sich zu einem geschlossenen Panzer wie bei der Schildkröte verwachsen konnten.

Alle Dinosaurier haben sich aus Urechsen entwickelt. „Vettern" von ihnen sind die Krokodile und – die Vögel. Während von den Großsauriern als einzige die Krokodile noch nicht ausgestorben sind, wurden die Vögel zu einer der erfolgreichsten Tierklasse.

FOSSILE BELEGE

Unser Wissen über die Dinosaurier fußt auf sorgfältigen Untersuchungen ihrer in Gesteinen erhaltenen fossilen Überreste. Das Wort „Fossil" bedeutete ursprünglich jedes aus dem Boden gegrabene Objekt, während man darunter heute nur erhaltene Reste vergangenen Lebens versteht.

Manche Fossilien sind versteinerte Tierknochen. Andere bestehen einfach in einem Abdruck, den ein Tierkörper hinterließ, als er zerfiel. In der Regel können sich nur Tiere mit Hartteilen – Schalentiere und Wirbeltiere mit ihren Knochen und Zähnen – erhalten; doch fand man auch manche Spuren von weicheren Tieren und Pflanzen. Selbst von Tieren mit Hartteilen würde kein fossiler Rest bleiben, wenn ihre toten Körper dem Regen und dem Wind ausgesetzt blieben.

Damit eine Konservierung vor sich gehen kann, muß der tote Tierkörper an einem Ort liegen, wo ihn bald Sand und Schlick überdecken. Seen, Flüsse, Küstenlagunen und Sümpfe sind ideale Erhaltungsstätten, aber auch Wüsten und Höhlen sowie Meeresufer können sich dazu eignen.

Die Berge und anderes Hochland unserer Erde sind zu sehr der Erosion ausgesetzt, so daß dort lebende und sterbende Tiere nur selten erhalten bleiben. Deshalb können Fossilienfunde leicht zu irreführenden Schlüssen führen. Lebten Tiere in oder nahe bei guten Konservierungsgebieten, so ist eine größere Anzahl von ihnen versteinert als von Tieren anderer Gegenden, so daß sie wichtiger und vergleichsweise zahlreicher erscheinen könnten, als sie vielleicht wirklich waren. Es ist nicht leicht, die große Vielfalt des einstigen Lebens in ihrer wirklichen Verbreitung und Zusammensetzung zu erkennen. Selbst wo gute Erhaltungsbedingungen gegeben sind, können mancherlei Umstände verhindern, daß ein wichtiges Fossil gefunden wird. Sand und Schlamm, die es überdecken, haben sich im Laufe der Zeit zu Gestein verfestigt. Erst wenn Erdbewegungen das fossilführende Gestein an die Erdoberfläche drücken, so daß Wind und Regen ihre Erosionswirkung entfalten können, wird es möglich, das Fossil zu finden. Liegt das Fossil zu lange ungeschützt, verwittert es. Man muß es also finden, sobald oder kurz nachdem Teile davon freigelegt wurden. Dann muß der Finder erkennen, was er vor sich hat, und das nächste Museum verständigen, damit Fachleute eine planvolle wissenschaftliche Ausgrabung organisieren und das Skelett bergen können. Wenn der Entdecker ein großes Fossil auf eigene Faust auszugraben versucht, vernichtet er dabei womöglich wertvolles Anschauungsmaterial, ohne daß er es bemerkt.

Knochen und Zähne bestehen aus Apatit, Kalziumphosphat sowie dem faserigen Eiweißstoff Kollagen. Der mineralische Anteil ist gut erhaltungsfähig, und da er die Eiweißteile schützt, können überraschenderweise auch diese konserviert werden. In manchen Fällen werden Knochen nach der Einbettung im Sand durch einsickerndes Wasser aufgelöst, so daß später nur noch der einst vom Knochen ausgefüllte Hohlraum übrig ist. Manche fossile Reptilien sind uns auf diese Weise erhalten geblieben; nur der Fachmann vermag sie zu erkennen. Auf den ersten Blick sehen sie einfach wie Löcher im Gestein aus, aber wenn man sie mit Kautschuk oder Kunststoff füllt, entsteht eine Nachbildung des ursprünglichen Knochens. Das Arbeiten mit solchen Werkstoffen ist schwierig und erfordert stundenlange Geduld. Bisweilen sind die natürlichen Hohlräume auch mit einem anderen Mineral ausgefüllt. In Australien hat man Funde gemacht, bei denen kostbarer Opal Reptilienknochen ersetzt hatte.

Im Versteinerungsprozeß können die Knochen ihre Form ändern. Manchmal kommt es dabei zur sogenannten plastischen Verformung, wobei der Knochen wie teilweise geschmolzen aussieht. Häufiger aber zerdrücken die Sedimente das eingeschlossene Skelett durch ihr schieres Gewicht. Deshalb muß man immer genau festzustellen suchen, was mit dem Knochen seit dem Tode des Tieres geschehen ist; anderenfalls können bei der Fossilanalyse Fehler unterlaufen.

Allein aus den Knochen und Zähnen eines Dinosauriers lassen sich viele Informationen über seine Lebensweise gewinnen. Obendrein gibt es zum Glück noch weitere Arten von Dinosaurierfossilien, die das Gesamtbild ergänzen helfen. In mehreren Fällen sind Dinosaurier in einer Dürreregion verendet und in der trockenen Hitze „mumifiziert" worden, bevor sie der Wind mit Flugsand überwehte. Im Sand blieb die Struktur ihrer Haut in den feinsten Einzelheiten erhalten, so daß wir daran genau

Aus Fossilien verschiedenster Art gewinnen Wissenschaftler ein lebensechtes Bild der Dinosaurier.

Oben: Vor mehr als 100 Millionen Jahren setzte sich ein *Iguanodon* in den Sand, der – versteinert – sein Hautmuster bewahrte.

Oben links: Eingebettet im Gestein ein vollständiges Skelett des kleinen Dinosauriers *Gallimimus*.

Links: Der Dickschädel eines Dinosauriers aus der Mongolei, erst teilweise vom Gestein befreit. Vollständige Schädel mit Kiefer und Zähnen verraten dem Fachmann vieles von der Lebensweise ihrer einstigen Träger.

Ganz links: Fährte dreier fleischessender Dinosaurier, gefunden in Swanage, England. Sie beweisen, daß diese Tiere auf den Hinterbeinen liefen und den Schwanz bodenfrei trugen.

erkennen können, wie das Tier einmal ausgesehen hat. Ein solcher Hautabdruck stammt aus einer sandigen Schlucht, wo sich ein Dinosaurier niedergelassen hatte. Anderenorts fand man Abdrücke von Federn urtümlicher Vögel, von den Dunen oder dem Haarkleid fliegender Reptilien, die uns ein Lebensbild dieser seltsamen Tiere vermitteln.

Das Gehirn eines Dinosauriers läßt sich erkennen, indem man Abgüsse vom Inneren des Schädels macht. Male an fossilen Knochen zeigen oft an, wo Muskeln gesessen haben. Auf Grund dessen, was er an einzelnen Knochen und Gelenken entdeckt hat, kann der Wissenschaftler sagen, wie sich das Tier bewegte und wie groß es gewesen sein muß. Schon ein einziger Knochen kann dem Fachmann viele Aufschlüsse geben.

Wo es darum geht, in naturgetreuen Modellen nachzubilden, wie Dinosaurier im Leben ausgeschaut haben, gehören Fußabdrücke zu den wichtigsten Fossilien. Fährtenspuren aus Fußabdrücken hat man in vielen Teilen der Welt gefunden, und sie zeigen deutlich, wie die Tiere standen und liefen, ob sie Zehen oder Schwimmfüße hatten und ob sie den Schwanz auf dem Boden nachschleifen ließen oder nicht.

Fossilien verraten uns sogar, wovon sich ein Dinosaurier ernährte. Aus dem Bau der Zähne zeigt sich, ob er ein Fleisch- oder ein Pflanzenesser war. Glatte, runde Kiesel im Innern des Rippenkorbes bedeuten, daß er Steine verschluckte, damit sie die Nahrung zerkleinern und verdauen halfen. Mitunter sind sogar Mageninhalte fossil erhalten. Auch fossile Kotballen (Koprolithen) können analysiert werden, doch ist hier nicht leicht zu ermitteln, welcher Kot von welchem Dinosaurier stammt.

Gutes, gesichertes Anschauungsmaterial haben wir für die Tatsache, daß die Dinosaurier Eier legten – denn diese Eier sind selbst oft erhalten geblieben. Selbst die gewaltigen Flachwasserbewohner mit ihren über 80 Tonnen Lebendgewicht gingen zur Eiablage ans Land. Andererseits haben manche marine Reptilien lebende Junge geboren. Es gibt sogar Fossilien, die zeigen, daß ein Muttertier während des Gebärvorgangs starb: Mutter und Kind sind zusammen versteinert.

Schließlich wird auch die mikroskopische Struktur der Knochen untersucht. Dabei kann man Verletzungen feststellen, die ein Dinosaurier einem anderen zufügte, und Krankheiten, an denen sie litten. Knochen- und Gelenkentzündung (Osteoarthritis), wie sie alten Menschen heutzutage zu schaffen macht, hatten auch die Dinosaurier und andere Tiere zu ihrer Zeit.

Auf Grund all dieses Materials können wir ein umfassendes Bild vom Leben der Dinosaurier rekonstruieren, ein Bild, das sich auf handfeste Belege stützt und kaum noch der Phantasie bedarf.

REKONSTRUKTION EINES DINOSAURIERS

Die ersten Dinosaurierfunde wurden 1822 in England gemacht. Bis dahin hatte kein Mensch auch nur eine Ahnung, daß es einmal solche Riesengeschöpfe gegeben hat. Der Fleischesser *Megalosaurus* war der erste Dinosaurier, den man im Schieferbruch von Stonesfield in Oxfordshire (Südengland) ausgrub. Drei Jahre später fand man den riesigen Pflanzenesser *Iguanodon* in einem Sandsteinbruch bei Cuckfield in Sussex. In den siebziger Jahren des vorigen Jahrhunderts fanden dann die beiden Amerikaner Edward Drinker Cope und Othniel Charles Marsh eine große Anzahl Dinosaurierfossilien in Colorado. Vollständige Skelette so berühmter Dinosaurier wie *Triceratops, Stegosaurus, Diplodocus* und *Tyrannosaurus* bewiesen zweifelsfrei, daß einst zahllose Riesenreptilien gelebt haben.

Um aus einem im Boden gefundenen Skelett eine lebensechte Rekonstruktion herzustellen, müssen ganze Gruppen verschiedener Fachleute eine Menge Arbeit leisten. Heute scheinen Dinosaurierfunde vornehmlich in den entlegensten, verlassensten Weltecken zu gelingen, und so muß eine Expedition zunächst einmal sachgemäß ausgerüstet sein. Man braucht robuste Fahrzeuge, die den Strapazen einer Wüstenlandschaft gewachsen sind, dazu Lebensmittel und Wasser, Ausgrabungswerkzeug, Chemikalien zum Ummanteln der entdeckten Knochen sowie Bandagen und gebrannten Gips, mit denen die Funde geschützt werden, Hebegeräte und Holz zum Bau von Kisten für den Heimtransport der Skelette.

Und wenn eine Expedition ihren Zielort erreicht hat, stellt man oft genug fest, daß Dinosaurierskelette gerade an den unzugänglichsten Stellen, zum Beispiel in halber Höhe einer Klippe, lagern. Dann müssen Gerüste errichtet werden, ehe die Wissenschaftler mit der Grabung beginnen können.

Ihre erste Aufgabe besteht im sorgsamen Freilegen der Knochen, indem sie den umgebenden Sand- oder Silt- bzw. Tonstein abtragen. Währenddessen wird eine genaue Lageskizze der Knochen angefertigt; jeder Knochen wird numeriert.

Schwerere Knochen kann man nicht einfach ausbuddeln und in Holzkisten verstauen. Man muß sie dazu eigens präparieren. Zuerst werden die Knochen in nasses Papier gehüllt; dann taucht man Stoffstreifen in Gips und bandagiert sie. Danach umgibt man das Fundstück mit Holzbrettern und gießt den Behälter mit Gips aus. Wenn er abgebunden hat, wird die Kiste umgedreht. Nun nagelt man Deckel und Boden auf, wonach das Fossil in seinem Gips, rundum von der Holzkiste geschützt, auf einen Lastwagen verladen wird. So beginnt die oft lange Reise ins Laboratorium.

Im Museum läuft der ganze Prozeß umgekehrt ab. Nach dem Entfernen der Kistenbretter wird der Gips, manchmal in monatelanger Feinarbeit, nach und nach abgemeißelt, bis die fossilen Knochen vollständig und sauber freiliegen.

Jetzt kann der Wissenschaftler das Fundstück gründlich studieren. Jeder Knochen wird vermessen und einzeln beschrieben. Besondere Aufmerksamkeit gilt den rauhen Stellen, die den Muskelansatz anzeigen. Ist die Untersuchung beendet, schreibt der Wissenschaftler darüber einen Bericht, eine sogenannte Monographie, mit Fotos und Zeichnungen aller einzelnen Knochen aus verschiedenen Blickwinkeln. In dieser Schrift wird auch erörtert, wie das Skelett zusammengesetzt gewesen sein muß. Diese Annahme stützt sich hauptsächlich auf den Lageplan, der an der ursprünglichen Fundstelle angefertigt wurde. Wenn das Skelett vollständig und unzerstört war, wird die Zeichnung präzise anzeigen, wie der Dinosaurier zu rekonstruieren ist.

Durch Untersuchung der verschiedenen Gelenke und Knochen kann man die möglichen Bewegungsarten des Dinosauriers ermitteln. Dabei sind natürlich die Größenverhältnisse aufschlußreich. Beispielsweise muß ein Tier, das mehrere Tonnen wog, aber nur winzige Vordergliedmaßen besaß, auf zwei Beinen gegangen sein, doch kann es gewiß keine Sprünge wie ein heutiges Känguruh vollführt haben.

Wenn diese detaillierte wissenschaftliche Prüfung abgeschlossen ist, kann das Museum oder Institut die Knochen entweder einlagern oder zur Besichtigung ausstellen. Bei einem kompletten Skelettfund sind die Museen meist daran interessiert, ihn so vielen Menschen wie möglich zu zeigen. Dafür gibt es zwei Ausstellungsmethoden. Man kann die Knochen wieder genauso anordnen, wie sie im Gestein gefunden wurden – was aber nur geht, wenn seinerzeit ein exakter Lageplan gezeichnet worden ist. Man kann aus ihnen aber auch ein lebensechtes Skelett rekonstruieren. In diesem Fall wird ein tragendes Stahlgerüst gebaut, welches das Gewicht der fossilen Knochen (sie wiegen oft mehrere Tonnen!) trägt, ohne für den Betrachter allzu sehr ins Auge zu fallen.

Von der Vorbereitung einer Expedition bis zur Ausstellung des fertigen Skeletts oder Modells können Jahre verstreichen. Solange die genauen wissenschaftlichen Unterlagen nicht veröffentlicht sind, haben die neuen Dinosaurier keinen Namen. Erst nach ihrer Beschreibung werden sie als bekannte Dinosaurier, als nahe Verwandte bekannter Dinosaurier oder als völlig neue, nie zuvor gefundene Formen bestimmt. Die mongolisch-polnische Gemeinschaftsexpedition in die Wüste Gobi Anfang der 1970er Jahre förderte viele Dinosaurier ans Licht, von denen die Wissenschaft bis dahin keine Kenntnis hatte, und jedes Jahr werden aus vielen Teilen der Erde neue Entdeckungen gemeldet. Erst kürzlich erfuhr die verdutzte Fachwelt Näheres über das größte Flugtier mit einer wahrscheinlichen Flügelspannweite von 15 m. Vermutlich wird uns die Zukunft noch mehr solcher Überraschungen bringen.

Im 19. Jahrhundert wurden viele Fossilien von Dinosauriern in Europa und in den USA gefunden. Neuerdings werden die meisten Entdeckungen in weit abgelegenen Gebieten gemacht. Anfang der 70er Jahre organisierten Wissenschaftler aus Polen und aus der Mongolei eine gemeinsame Expedition in die Wüste Gobi.

Oben: Das Lager bei Khulsan im Nemegt-Tal.

Links daneben: Jeder einzelne Knochen wird bandagiert, eingegipst und fest in eine Kiste verpackt, damit er auf der Heimreise nicht beschädigt wird.

Oben ganz links: Das Skelett eines großen Ankylosauriers wurde auf halber Höhe einer Felswand entdeckt. Um es ausgraben zu können, mußte ein Gerüst gebaut werden.

Links: Das Skelett eines großen Pflanzenessers, *Saurolophus*, wird ausgegraben. Die äußeren Gesteinsschichten können entfernt werden, aber es bedarf größter Sorgfalt, um die womöglich leicht zerbrechlichen Knochen nicht zu beschädigen.

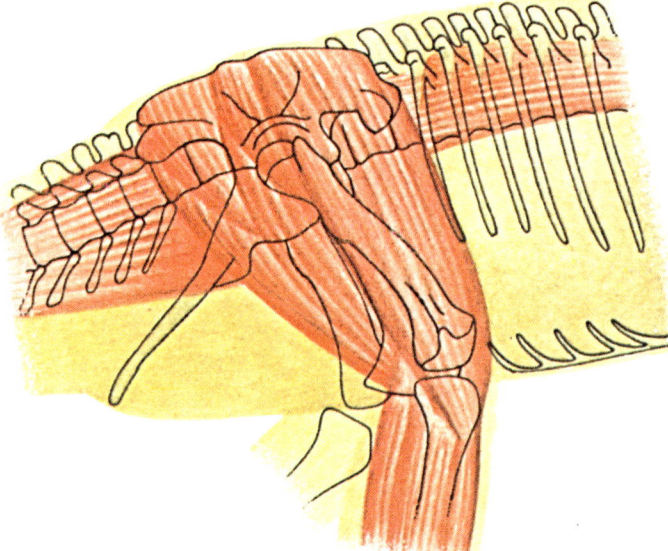

Bestimmte Spuren an fossilen Knochen zeigen, wo Muskeln befestigt waren. Durch Vergleich mit der Muskulatur lebender Reptilien läßt sich aus diesen und anderen Hinweisen ein genaues Bild des Dinosaurierkörpers herstellen.

Links: Aufgestelltes Skelett eines *Plateosauriers*, eines 200 Millionen Jahre alten Pflanzenessers. Die einzelnen Knochen wurden sorgsam zusammengefügt; die Konstruktion wird durch ein feines Stahlgerüst getragen.

Die Herkunft der Reptilien

VOM WASSER AUF DAS LAND

Die Vorfahren der Dinosaurier und aller anderen landlebenden Wirbeltiere lassen sich bis zu einer Fischgattung, die bereits vor 380 Millionen Jahren lebte, den Quastenflossern, zurückverfolgen.

Einer der wichtigsten Fortschritte in der Geschichte der Wirbeltiere war der Übergang vom Wasser aufs Land als Lebensraum, indem sich Fische im Laufe von Jahrmillionen allmählich zu Amphibien und diese zu Reptilien entwickelten. Um diese damaligen Veränderungen zu verstehen, müssen wir wissen, wie diese Fische der Frühzeit lebten und warum sie sich wandeln mußten.

Im Laufe des Devon waren Fische, die ursprünglich nur im Meer lebten, in die Süßwasserseen und -flüsse vorgedrungen. Aus fossilführenden Sedimenten wissen wir, daß damals ein subtropisches Klima mit Trocken- und Regenzeiten herrschte, wie wir es heute ganz ähnlich in den Savannengebieten der Erde antreffen. Die jahreszeitlich wiederkehrende Trockenheit war eine kritische Periode für die Fische, da dann die Flüsse und Seen versiegten und nur kleine Teiche oder Weiher übrigblieben. Fische sind Kiemenatmer und entnehmen den benötigten Sauerstoff dem Wasser. Wenn die Sonne die Teiche austrocknete, wurde das restliche Wasser faulig – sein Sauerstoffgehalt sank auf den Nullpunkt.

Sauerstoff gab es nun zwar nicht mehr im Wasser, wohl aber reichlich in der umgebenden Luft, und zwar stammte er von den Pflanzen. Jeder Fisch, der diesen neuen Lebensquell nutzen konnte, erhöhte seine Überlebenschancen beträchtlich. Bei fast allen Arten von Süßwasserfischen entwickelten sich spezielle Atmungsorgane. Diese Organe waren die Anfänge der Lungen und boten dem Fisch zunächst ganz einfach eine Möglichkeit, als Fisch zu überleben. Einen besonderen Anreiz zum Abwandern vom Wasser aufs Land gab es für die Fische zweifellos nicht.

Wenn ein Fisch in einem isolierten, kleinen Weiher eingeschlossen ist und dieses Gewässer allmählich völlig austrocknet, gewährt das Luftatmen allein noch keine Überlebensgarantie. Das Tier muß auch Nahrung finden und seine Haut feucht halten können. Für den Fisch gibt es zwei Möglichkeiten. Er kann sich in den Schlamm einwühlen, sich in der Art der heutigen Lungenfische mit einer schützenden Schleimhülle umgeben und die heiße, trockene Periode verschlafen. Das nennt man Übersommern. Oder er verläßt den schrumpfenden Teich und kriecht durch den Schlamm, bis er ein anderes, größeres Gewässer erreicht.

Aber kriechen kann ein Fisch nur, wenn seine Flossen Muskeln und ein kräftiges Innenskelett besitzen. Solche Flossen bildeten sich bei den Lungenfischen und den Quastenflossern. Die Knochen in ihren Flossen sind die Vorläufer der Gliederknochen bei den landlebenden Wirbeltieren und stellen die zweite Entwicklungsstufe in der langsamen Übersiedlung vom Wasser aufs Land dar.

Die paarigen Flossen, die sich bei dem Fisch entwickelt hatten, dienten ihm zunächst nicht dazu, sich auf dem Land vorwärts zu bewegen, sondern seine Bewegungsfreiheit im Wasser zu erhöhen. Zuerst waren die Flossen Dreiecke mit breiter Basis, die ziemlich starr waren und den Fisch im Wasser im Gleichgewicht hielten. Allmählich wurden die

Die Entwicklung vom Fisch zum Reptil. *Eusthenopteron* war ein Quastenflosser, der in der Devonzeit, vor 380 Millionen Jahren, lebte. Er hatte eine primitive Lunge und muskulöse Flossen und kroch kurze Strecken über Land.

Vor 345 Millionen Jahren erschien das erste Amphibium. *Ichthyostega* hatte noch einen Fischschwanz und lebte vorwiegend wie ein Fisch, seine Flossen hatten sich jedoch in Beine mit je 5 Fingern oder Zehen verwandelt.

Fische bessere Schwimmer und manövrierfähiger. Dabei verkleinerte sich die Flossenbasis, und die einzelnen sogenannten Knochenstrahlen verschmolzen miteinander. Die Flossen entwickelten sich zu zwei Hauptformen, den Strahlenflossen, wie sie heute noch Hering und Lachs haben, und den Quastenflossen. Aus letzteren entwickelten sich in einer Knochenfischfamilie, den Quastenflossern, bei einigen Arten mit der Zeit Gliedmaßen.

Am Ende des Devon, vor 345 Millionen Jahren, gab es den Fischschädellurch *Ichthyostega*, das erste landlebende Wirbeltier. Er hatte kräftige Beine, aber nach wie vor einen fischartigen Schwanz. Auch die Schädelknochen hatten sich verändert; sein Maul war länger und der hintere Gehirnabschnitt stark gekürzt. Dies geschah, weil ein Geruchssinn außerhalb des Wassers wichtiger ist als in demselben. Chemische Stoffe sind in der Luft weit schwächer

Während der Karbonzeit paßten sich die Amphibien dem Landleben besser an; sie bekamen kräftigere Gliedmaßen. *Gephyrostegus* hielt sich an Land auf, legte aber seine Eier im Wasser ab, wo seine Larven sich entwickelten.

Oben: *Seymouria* stellt eine Zwischenstufe zwischen Amphibium und Reptil dar. Dieses Skelett aus Texas ist über 250 Millionen Jahre alt.
Unten: Vor 280 Millionen Jahren gab es die ersten Reptilien. *Hylomonus* verbrachte zwar die meiste Zeit im Wasser, legte aber seine Hartschaleneier an Land ab.

als im Wasser. Damit das Tier sie wahrnehmen kann, braucht es feinere Geruchsorgane in der Nase und eine entsprechend empfindlichere vordere Gehirnpartie.

Ichthyostega gehört schon zur Klasse der Amphibien, lebte jedoch noch wie ein Fisch. Er war den damaligen Umständen vorzüglich angepaßt, und seine Beweglichkeit auf dem Lande benutzte er einfach dazu, die Trockenzeit zu überdauern. Seine große Bedeutung liegt darin, daß er der Vorfahr der landbewohnenden Wirbeltiere ist.

Das auf das Devon folgende Karbon brachte wichtige klimatische Veränderungen mit sich. Nun regnete es das ganze Jahr über stark. Weite Festlandsgebiete versumpften. Seichtwasser, Schlamm und umgestürzte Baumstämme ergaben eine Umwelt, die den Amphibien sehr behagte. Manche Lurche wurden durch Anpassungsvorgänge zu guten Flachwasserschwimmern und entwickelten abgeplattete Leiber. Viele dieser Tiere sahen noch recht fischähnlich aus. Sie blieben jedoch immer länger in den trockeneren Bereichen ihres Sumpfes und ernährten sich von Insekten und anderen Amphibien. Ihr Fischschwanz verschwand vollkommen, und ihre Wirbelsäule verfestigte sich, so daß sie sich unter dem Körpergewicht des Tieres nicht durchbog und ein besseres Vorwärtskommen an Land ermöglichte.

Das nächste Entwicklungsstadium war der allmähliche Wandel von der Amphibie zum Reptil. In den Sümpfen bildeten hohle, verfaulte Baumstümpfe stellenweise richtige Tierfallen; aus ihnen hat man Fossilien der ersten echten Reptilien geborgen.

Ein Reptil unterscheidet sich vom Amphibium oft nur durch die Art der Fortpflanzung. Amphibien legen ihre Eier im Wasser ab, und nach dem Schlüpfen durchlaufen ihre Nachkommen ein Entwicklungsstadium, in dem sie schwimmen und atmen nach Art der Fische. Reptilien dagegen legen an Land Eier mit harten Schalen, und die Brut entwickelt sich zunächst im Ei-Innern.

Das Entstehen des schalengeschützten Eies war eines der grundlegenden und folgenreichsten Ereignisse in der Geschichte der Wirbeltiere. Es bedeutete, daß die Wirbeltiere zu Brutzwecken nicht mehr ins Wasser zurückkehren mußten, und es ermöglichte ihnen die Ausbreitung auf dem Festland. Ohne diese Errungenschaft wäre der Umzug aufs Land letztlich fehlgeschlagen.

ERSTE SCHALENEIER

Obgleich viele Wirbeltiere nun durch die neue Fortpflanzungsart für die Abwanderung auf das trockene Land gerüstet waren, blieben sie zunächst in den Sümpfen des Karbon. Dort fanden sie Futter in Hülle und Fülle, während das Land außer Pflanzen kaum Nahrung bot. Kein Wirbeltier jener Zeit konnte mit pflanzlichen Stoffen etwas anfangen; sie verspeisten einander, und die Kleinsten aßen Insekten und Würmer. Da es für sie zweifellos keinen Anreiz gab, ihre Sümpfe und Marschen zu verlassen, muß also das Schalenei ähnlich der Knochenflosse beim Fisch aus einem ganz anderen Grunde zweckmäßig gewesen sein. In diesem Falle war es eine Frage des Fortbestands.

Das Überleben des Nachwuchses läßt sich auf zweierlei Weise sichern. Der eine Weg ist, so viele Eier wie möglich zu produzieren, damit wenigstens ein paar ungestört ausreifen können. Der andere Weg besteht darin, weniger Eier abzulegen, dies aber dort zu tun, wo sie sich sicher und vor den meisten anderen Tieren verborgen entwickeln können. Die Amphibien der Karbonzeit, die ihre Eier im Wasser ablegten, mußten enorme Mengen von Eiern erzeugen, weil diese nach erfolgter Ablage dem Zugriff aller übrigen Sumpfbewohner preisgegeben waren. Auch die ausgeschlüpften Larven konnten von Insekten, von Fischen und von anderen Amphibien erbeutet werden. Bei der Eiablage auf trockenem Boden entwickelten die neuen „Superamphibien" die zweite Methode, die ein Überleben des Nachwuchses gewährleistete. Jetzt brauchten die Eltern nicht mehr Millionen Eier zu produzieren, sondern nur noch ein paar, die, gut versteckt in wassernahem Unterholz, vor Räubern geschützt waren und gute Entwicklungsaussichten hatten.

Die großen, mit einem Dotter versehenen Eier, die sich im Karbon entwickelten, werden amniotische Eier genannt, weil sich der Embryo in einem Gewebe, der Fruchthülle (Amnion), befindet. Dieser Sack enthält das Fruchtwasser, in dem sich der Embryo unbehelligt entwickelt. Eine zweite Gewebeschicht, die *Allantois,* dient als Atmungsorgan und ermöglicht es dem Embryo, aus der Außenluft Sauerstoff zu beziehen und Kohlendioxid auszuscheiden. Das Ganze steckt in einer Schutzhülle, dem *Chorion.*

Ein Kriechtier, das ein so beschaffenes Ei legte, wird heute als Reptil bezeichnet, auch wenn es wie eine Amphibie teils auf dem Land, teils im Wasser lebte. Im Karbon lebten sie wie besonders erfolgreiche, wohlangepaßte Amphibien. Als dann die Sümpfe austrockneten und die meisten typischen Amphibien ausstarben, vermochten diejenigen Tiere zu überleben, die amniotische Eier legten.

Die ersten fossilen Eier sind in permischem Gestein zu finden. Aber noch besitzen wir keine Hinweise darauf, von welchen einzelnen Reptilgruppen sie stammen. Als man die Dinosaurier zu beschreiben begann, hielt man sie für Eierleger wie andere Reptilien. Beweise dafür gab es nicht, bis zu Beginn dieses Jahrhunderts die Mittelasien-Expedition des American Museum of Natural History in der Wüste Gobi „Nester" fossiler Eier entdeckte. Auch die kürzlich durchgeführten polnisch-mongolischen Expeditionen spürten solche Eiernester auf. Die ovalen Eier wurden in Ansammlungen zu 30 Stück, angeordnet in konzentrischen Kreisen, gefunden. Die Dinosauriermutter wird ihr Legeorgan also im Kreise bewegt haben, so daß Ei neben Ei zu liegen kam. Dann hat sie das Gelege sicher mit Sand bedeckt, damit es warm und möglichen Räubern verborgen blieb.

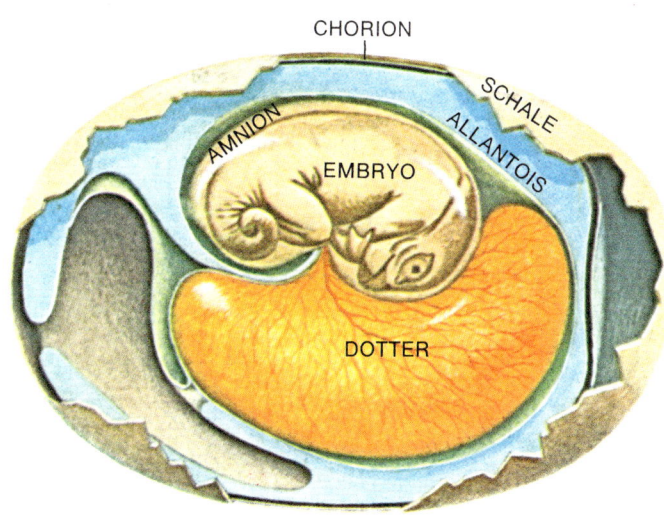

Das Schalenei sicherte dem Dinosaurier-Embryo eine ungestörte Entwicklung. Eingebettet in die Fruchthülle, dem Amnion, hatte er alles, was er brauchte. Nahrung lieferte ihm das Dotter; mit Hilfe der Allontois konnte er atmen. Geschützt war er durch das Chorion und die luftdurchlässige Eierschale, die ihm auch Mineralien zum Aufbau seiner Knochen lieferte.

Junge *Protoceratops*-Dinosaurier schlüpfen aus ihren Schaleneiern. Ein ausgewachsener *Protoceratops* maß 2 m, aber seine Eier hatten nur einen Durchmesser von 7 cm. (Modell aus dem Britischen Museum).

Diese fossilen Eier wurden in Südfrankreich gefunden. Sie stammen von einem riesigen Sauropoden (Elefantenfuß-Dinosaurier). Jedes Ei mißt im Durchmesser etwa 20 cm.

An der äußeren Oberfläche eines Dinosaurier-Eies sieht man die Dicke der Schale und ein Muster von winzigen Pickeln. Man hat Dinosaurier-Eier gefunden, die fossile Junge enthielten. Dieses Ei war jedoch zerbrochen und enthielt nur Sand.

Wir wissen, daß die in der Mongolei gefundenen Eier von dem Horndinosaurier *Protoceratops* stammen, da mehrere Eier die Skelette von Dinosaurierbabys enthielten, die kurz vor dem Ausschlüpfen gestorben waren. Man kennt auch andere Eier, so einige große, runde von riesigen pflanzenessenden Sauropoden; die Eier wurden in Südfrankreich entdeckt und hatten ein Volumen von ungefähr sieben Litern.

In der Schale sind die Eier ebenso unterschiedlich wie in ihrer äußeren Form. Unter dem Mikroskop zeigten sich Unterschiede in der Schalenstruktur. Die großen Sauropodeneier tragen auf der Oberfläche winzige, gerundete Pickel, während die Eier vom *Protoceratops* unregelmäßige Linien und Furchen aufweisen.

Als Fossilien sind solche Eier nur deshalb auf uns gekommen, weil ihre Schale aus Kalziumkarbonat besteht, dem Stoff, aus dem sich Kalkstein bildet. Tatsächlich ist eine harte Schale allein kein Grundkennzeichen des amniotischen Eies; mehrere lebende Reptilien erzeugen Eier mit einer lederartigen, sehr kalkarmen Schale.

In seinem Ei ist der Embryo isoliert und abgesondert. Nur Luft bezieht er von außen. Im Ei selbst befinden sich alle Stoffe, die für seine Reifung wichtig sind. Dazu gehört vor allem knochenbildendes Mineral.

Der Schlüssel zum Erfolg der Wirbeltiere ist in ihrem starken inneren Stützgerüst aus Knochen zu sehen, ohne das es sicherlich nie Dinosaurier gegeben hätte. Um dieses Skelett zu bilden, braucht der Embryo große Mengen Kalzium, und die liefert ihm die Mutter in Form seiner Eischale mit. Sobald beim Embryo die Sauerstoffatmung einsetzt, fällt als Nebenprodukt Kohlendioxid an, auf das das Kalziumkarbonat in der Schale reagiert. Die dadurch entstehende Substanz, doppelkohlensaurer Kalk, löst sich auf und tritt in die Blutversorgung der *Allantois* ein. So gelangt sie zum Embryo und beteiligt sich am Aufbau seines Knochengerüstes.

Während der Embryo wächst, wird die Schale allmählich dünner, so daß er sie, wenn er zum Ausschlüpfen reif ist, ziemlich leicht durchstoßen kann. Manche der gefundenen Dinosauriereier scheinen übermäßig dicke Schalen zu haben. Der Grund ist, daß sie noch nicht schlüpfreif waren, als der Embryo starb. Bis zur Vollreife hätte der junge Dinosaurier mehr Kalziumkarbonat verbraucht, und entsprechend wäre die Schale dünner geworden.

In einigen Fällen sind die Eierschalen von Dinosauriern außergewöhnlich hart, was auf eine Krankheit der Mutter zurückgehen dürfte. Diese Eier haben eine zusätzliche Schalenschicht, die die winzigen Poren für den normalen Luftaustausch blockiert. Der Embryo konnte nicht atmen, doch selbst wenn er es gekonnt hätte, wäre ihm der Durchbruch durch die doppelt starke Schale niemals gelungen. Von derselben Krankheit wird heute manchmal Geflügel befallen. Man vermutet, daß diese Krankheit zum Erlöschen der Dinosaurier beigetragen hat.

DIE EROBERUNG DES FESTLANDES

Gegen Ende der Karbonzeit, vor 280 Millionen Jahren, wurde das Klima wieder trockener, und die Sümpfe verschwanden. Viele Amphibien konnten sich den neuen, härteren Bedingungen nicht anpassen; aber die Tiere, die Schaleneier an Land legten, vermochten zu überleben. So begann im Perm die erste große Ausbreitung echter Landtiere. Das ständige Leben auf dem Festland erforderte dann weitere Anpassungen an die neue Umwelt.

Die in Sümpfen lebenden Amphibien und Reptilien ernährten sich von Fischen und anderem Wassergetier. Ihre Zähne und Kiefer brauchten daher nicht mehr zu leisten, als diese Beute zu ergreifen und im Maul festzuhalten. Aber auf dem Land lagen die Dinge ganz anders. Hier waren alle Reptilien Fleischesser, denn bislang hatten sich keine Pflanzenesser entwickelt. Die Reptilien verzehrten einander, und da dies Kampf und Streit bedeutete, mußten ihre Kiefer kräftiger werden, damit sie die Beute packen und zerreißen konnten. Die Knochen in Kiefer und Schädel veränderten sich, die Kiefermuskeln wurden stärker.

Eine andere, wichtige Veränderung in jener Zeit betraf die Art und Weise, wie Tiere standen und gingen. Nun wurde nicht mehr bäuchlings am Boden gekrochen, wie es die ersten Reptilien getan hatten. Die Beine streckten sich und rutschten unter den Körper; da die Tiere sich jetzt aus Schulter und Hüfte anstatt aus Ellbogen und Knie heraus bewegten, konnten sie größere Schritte machen und kamen daher schneller voran.

Die Beherrscher des Landes in der Permzeit waren die Urraubsaurier und die säugetierähnlichen Reptilien. *Dimetrodon*, ein Fleischesser, und *Edaphosaurus*, der wahrscheinlich von Schnecken und anderen Weichtieren

Bevor sich die Dinosaurier entwickelten, waren säugetierähnliche Reptilien über 70 Millionen Jahre lang die vorherrschenden Tiere der Erde. Die großen, urtümlichen Säugetiervorläufer *Dimetrodon* und *Edaphosaurus* hatten Hautsegel auf ihrem Rücken, mit deren Hilfe sie ihre Körpertemperatur regulierten. Kleinere Säugetierähnliche wie *Ophiacodon* hielten ihre Körpertemperatur, indem sie ihre Nahrung rascher in Energie verwandelten.

lebte, entwickelten große Längssegel auf dem Rücken, die ihnen die Körpertemperatur regulieren halfen. Gestützt wurden die hautverkleideten Segel von langen Dornfortsätzen der Wirbelsäule. Wenn es am frühen Morgen kalt war, drehten die Tiere ihre Segel in die Sonne und wurden rasch warm. In der Tageshitze dann stellten sie sich frontal zur Sonne, so daß die Sonnenstrahlen nur auf die schmale Kante des Segels auftrafen.

Der Fleischesser *Dimetrodon* war ungefähr 3,5 m lang und wog 250 kg. Ohne sein Segel hätte er 100 bis 200 Minuten gebraucht, um seine Körpertemperatur um 6 Grad Celsius zu erhöhen. Tatsächlich dauerte das aber mit Hilfe des Rückensegels nur rund 50 Minuten. Anscheinend brauchten nur die größeren Tiere diese Art der Wärmeregulierung. Kleinere Tiere jener Zeit, wie das *Ophiacodon*, das 30 bis 50 kg wog, haben nie ein Segel besessen.

Dieses merkwürdige Segel war wahrscheinlich der erste Schritt zur Warmblütigkeit; doch wurden Säugetiervorläufer (Therapsida) erst sehr viel später, nämlich in der Trias, zu richtig warmblütigen Tieren. Wie unsere heutigen Vögel und Säuger hielten sie ihre Körpertemperatur hoch, indem sie ihre Nahrung rascher in Energie verwandelten. Für diesen chemischen Verbrennungsvorgang brauchten sie viel Sauerstoff; und sie konnten gleichzeitig atmen und essen, weil sie als erste den harten Gaumen entwickelt hatten, der die Kanäle für die Atmung und die Nahrungsaufnahme trennte. Das wiederum bedeutete, daß sie Nahrung länger im Mund behalten und für die spätere Verdauung vorbereiten konnten. Auch ihr Gebiß bildete spezielle Zahnformen für das Packen der Nahrung (Schneidezähne), für Zustechen und Reißen (Eckzähne) und für das Zermahlen (Backen-, Mahlzähne) heraus.

An den Schnauzenseiten dieser späteren Säugetiervorläufer befanden sich besondere Gruben, in denen wohl Tasthaare wuchsen. Daraus schlossen Wissenschaftler, daß die Tiere auch behaart waren. Ein Haarkleid ist immer das Zeichen der Warmblüter; es half und hilft, die Körpertemperatur gleichbleibend zu halten.

Die säugetierähnlichen Reptilien hatten viele Millionen Jahre vorgeherrscht. In der Permzeit hatten sie sich zu vielen verschiedenen Formen entwickelt. Von 100 Kriechtiergattungen gehörten 85 zu den Säugetierähnlichen. Sie dominierten auch noch während der frühen Trias. Die ersten pflanzenessenden Arten, die *Dicynodontia* oder Zweizahnsaurier, hatten sich schon im Perm entwickelt. Bis auf ein Paar hauerartige Zähne im Oberkiefer war der *Dicynodon* vollständig zahnlos. Die katzengroßen Tiere, die in großen Rudeln an Fluß- und Seeufern lebten, wurden von mehreren Fleischesserarten gejagt, darunter einige mit gewaltigen Stoß- und Reißzähnen. Zu Beginn der Triaszeit war die Nahrungskette der heutigen schon sehr ähnlich geworden: Die meisten Tiere aßen Pflanzen, während die wenigen Arten der Fleischesser sich von den Pflanzenessern ernährten, nicht mehr von ihresgleichen.

Die säugetierähnlichen Reptilien hatten sich in der frühen Trias über alles Festland verbreitet, und die ersten echten Säuger begannen sich zu entwickeln. Nun aber erschienen die Dinosaurier. Und die Folgen waren dramatisch. Während die Dinosaurier zur Herrschaft aufstiegen, verschwanden die säugetierähnlichen Reptilien von der Erde. Die einzigen Überlebenden des Konkurrenzkampfes waren kleine, warmblütige Säuger, denen die Umstellung auf eine sichere Lebensweise gelang, indem sie nur in der Dämmerung und des Nachts aktiv wurden, wenn die Dinosaurier schliefen.

Obgleich die Dinosaurier das Festland 140 Millionen Jahre lang beherrschten, gehörten die Nächte in dieser ganzen, schier endlosen Periode den Säugetieren.

Die Säugetierähnlichen entwickelten allmählich längere Beine, mit denen sie sehr gut laufen konnten. *Lycaenops* trug noch Schuppen wie andere Reptilien, aber spätere Säugetiervorläufer, wie *Thrinaxodon*, verloren die Schuppen, bekamen ein haariges Fell und entwickelten Ohren. In mehrfacher Hinsicht waren sie schon richtige Säugetiere, legten aber noch Eier wie die Reptilien.

Die ersten echten Säuger waren sehr klein, nicht größer als Ratten und Mäuse. Während die Säugetierähnlichen ausstarben, überlebten die echten Säuger die Dinosaurier, und nach deren Ende kam ihre große Zeit. *Morganucodon* gehört zu den ersten Tieren, die ihre Jungen säugten. Aus solchen kleinen Säugern entwickelte sich die Vielfalt aller Säugetiere, einschließlich des Menschen.

Die Triaszeit — vor 225 bis 190 Millionen Jahren

Mit der Trias begann das Erdmittelalter, das Zeitalter der Dinosaurier. Die Trias war eine Zeit höchst bedeutsamer Veränderungen. Das Inlandeis, das zu Beginn der voraufgegangenen Permzeit einen Teil der Südkontinente bedeckt und allen dort lebenden Reptilien schwer zu schaffen gemacht hatte, war endlich verschwunden. Das Klima wurde angenehm; fast bis zu den beiden Polen hin herrschten halbtropische Verhältnisse. Jetzt traten zahlreiche neue Reptilfamilien auf und erschlossen sich viele neue Lebensräume. Die landlebenden Wirbeltiere gediehen und verbreiteten sich über alle Kontinente. Genauer gesagt, über das ganze Festland, denn wenn wir heute auch ihre Reste auf allen Erdteilen finden, so gab es doch während der Triaszeit nur einen einzigen riesigen Kontinent, *Pangaea*.

Pangaea bestand damals aus zwei Landmassen, dem südlichen Gondwanaland und der nördlichen Laurasia. Zu Gondwanaland gehörten die heutigen Gebiete Südamerika, Afrika, Indien, Antarktika und Australien sowie Teile des Mittleren Ostens und Italiens. Laurasia umfaßte Nordamerika, Europa und Asien. Die beiden Landmassen trennte zum großen Teil das Tethysmeer; dort, wo Nord- und Südamerika an das stießen, was heute die Westausbuchtung Afrikas ist, waren Laurasia und Gondwanaland miteinander verbunden.

Zu Beginn der Trias waren noch die säugetierähnlichen Reptilien vorherrschend. Es gab stämmig gebaute Fleischesser, Herden großer Pflanzenesser und kleine, behaarte Echsenjäger. Ein erfolgreicher säugetierähnlicher Pflanzenesser, *Lystrosaurus*, fristete sein Dasein etwa wie unsere heutigen Biber, teils am festen Ufer, teils im Wasser. Reste von *Lystrosaurus* wurden in Südafrika, Indien und Antarktika gefunden und bestätigen so die Theorie, daß die Kontinente einst tatsächlich zusammengehangen haben.

Auch einige Abkömmlinge der frühen Insektenesser zog es zum Wasser. *Proterosuchus* lebte in Flüssen und Seen in den Südbereichen der *Pangaea*, also in genau derselben Umwelt wie *Lystrosaurus*. Als Fleischesser ernährte sich *Proterosuchus* von Fischen, erbeutete aber auch ähnlich wie unsere heutigen Krokodile andere, am Gewässerrand trinkende Tiere. *Proterosuchus* und seine Verwandten waren die ersten echten Vorfahren der Dinosaurier. Obgleich sie zu Beginn der Triaszeit für die säugetierähnlichen Reptilien eine gewisse Gefahr dargestellt haben müssen, konnten sie sie wohl nicht ernstlich bedrohen.

Noch zwei andere Tiergruppen, die damals ziemlich unbedeutend gewirkt haben dürften, sollten auf dem Lande dominierend werden. Zu der einen, mit *Proterosuchus* verwandten Gruppe gehörte ein kleines, auf zwei Beinen laufendes Reptil namens *Euparkeria*, ein aktiver Jäger anderer kleiner Reptilien. Die zweite Gruppe bestand aus kleinen echsenähnlichen Insektenessern. Die Nachfahren von *Euparkeria* waren die Dinosaurier, während von den kleinen Insektenessern die echten Echsen abstammen.

In der Triaszeit nahmen die Reptilien allmählich viele, zuvor verschmähte Gebiete in Besitz. So waren sie vor der Triaszeit beispielsweise nicht in die warmen, tropischen Gewässer des Tethysmeeres vorgedrungen, weil sie wahrscheinlich in den Binnengewässern reichlich Nahrung fanden, im Meer aber nur wenig. Nunmehr zogen viele Knochenfische, die im Devon in Süßgewässer abgewandert waren, in die See zurück. Ihnen folgten die von ihnen lebenden Reptilien. Die *Ichthyosaurier* oder Fischechsen entwickelten große Schwanzflossen, mit denen sie besser schwimmen konnten; bald büßten sie die Fähigkeit ein, sich an Land fortzubewegen. Sie legten auch keine Eier mehr, sondern gebaren statt dessen lebende Junge. Nach und nach wurden sie zu den beherrschenden Tieren des Meeres.

Andere Reptilien kehrten dem Ufer nicht gänzlich den Rücken. Da gab es schwimmfüßige, fischessende *Nothosaurier*, ruderflossige *Plesiosaurier* (Schwanenhalsechsen) und die merkwürdige Gruppe der *Placodontia* (Pflasterzahnsaurier) mit schweren Hautpanzern ähnlich denen der Schildkröten. Einige kleine echte Echsen, Abkömmlinge der Insektenesser, siedelten sich ebenfalls am Ufer an.

Das Ufer bot eine Fülle verschiedener Lebensmöglichkeiten auf kleiner Fläche. Kliffe und Höhlen gewährten sicheren Unterschlupf vor Verfolgern. Am Gewässersaum gab es alle möglichen gestrandeten Tiere zu erbeuten, und auch das Fischen nach Schalen- und Krustentieren im Flachwasser war eine ersprießliche Existenzform. Die Echsen wußten ihre neuen Umwelten gut zu nutzen, ob-

Links: In der frühen Trias gab es noch nicht viele Landpflanzen. Das Festland war weithin Wüste, mit kleinen Oasen zwischen den Sanddünen. An Pflanzen gab es vor allem Koniferen, Arakarien, Farne, Schachtelhalme und Bärlappgewächse.

Zu Beginn der Trias, vor 225 Millionen Jahren, war alles Festland zu einem einzigen Riesenkontinent, Pangaea genannt, vereinigt. Das Land nördlich des tief hineinschneidenden Urmeeres Tethys wird Laurasia, der südliche Teil Gondwanaland genannt. Die Landtiere konnten sich über das ganze Festland verbreiten, es gab keine isolierte Entwicklung.

wohl sie mit Ausnahme der aufs Fischen spezialisierten Echse *Askeptosaurus* nicht zu ständigen Meeresbewohnern wurden.

Küstenklippen erwiesen sich als ideal geeignet für erste Flugversuche, und die frühesten Spuren eines fliegenden Wirbeltieres wurden denn auch in triassischem Gestein am Rande des ehemaligen Tethysmeeres entdeckt. Die ersten Flieger waren mutmaßlich am Ufer lebende Wirbeltiere, die sich bei Gefahr die Felswände hinaufretteten und denen es möglich war, im Gleit-„Flug" wieder hinunterzusegeln, wenn die Bedrohung vorüber war. Als sich bei einigen Arten an den vorderen Gliedmaßen Flughäute entwickelten, die fallschirmartig funktionierten, konnten sich diese Tiere dann auch von den Aufwinden an den Steilwänden emportragen lassen.

Kein Beobachter des frühtriassischen Lebens hätte vorhersehen können, daß sich die „Rangordnung" der Tierwelt jener Zeit völlig umkehren würde. Der halb im Wasser, halb an Land lebende *Proterosuchus*, die winzigen insektenessenden Echsen und der Zweibeiner *Euparkeria* machten einen unbedeutenden Eindruck; den säugetierähnlichen Reptilien, die 70 Millionen Jahre lang unangefochten das Land beherrscht hatten, sind sie ganz sicher nicht gefährlich erschienen.

Lystrosaurus

Nun gaben zwar die säugetierähnlichen Reptilien den größten Teil der Triaszeit hindurch auf dem Land weiterhin den Ton an, doch unternahmen sie kaum Anstrengungen, sich neue Umwelten zu erschließen. Das überließen sie den Reptilien, den Archosauriern in den Flüssen und Seen sowie den Kleinechsen an den Tethysufern. Diese paßten sich ihren neuen Daseinsformen ohne Konkurrenzdruck an und wurden dabei immer lebenstüchtiger. Als sie später in das Territorium der Säugetierähnlichen eindrangen, wo es von friedfertigen Pflanzenessern wimmelte, behaupteten sie sich bald als die dominierenden Wirbeltiere.

Manche Echsen blieben an den Ufern, andere breiteten sich mit Erfolg über das Hochland aus, aber es waren die halbaquatischen Archosaurier, die mit ihrer Rückkehr auf das trockene Land schließlich das Schicksal der Säugetierähnlichen besiegelten. Als bewegungsschnelle Fleischesser richteten sie wahre Verheerungen an. Nur die größten Pflanzenesser unter den Säugetierähnlichen und ein paar große Fleischesser überlebten bis zum Ende der Triaszeit. Als die nächste Formation begann, die Jurazeit, war nur noch ein wühlmausähnliches Geschöpf übrig. Die kleinsten der säugetierähnlichen Reptilien entwickelten sich zu echten Säugetieren und wichen in eine nächtliche Lebensweise aus. Alle übrigen starben aus.

Zu Beginn der Triaszeit, vor 225 Millionen Jahren, waren die säugetierähnlichen Reptilien die vorherrschenden Tiere. In Sümpfen und Flüssen lebte der Pflanzenesser *Lystrosaurus*, an Land waren der behaarte *Cynognathus* und das kleine *Thrinaxodon* die gierigsten Fleischesser. Zwei weitere Reptilien gewannen an Bedeutung: *Proterosuchus*, der halb im Wasser, halb an Land lebte, ein fleischessender Archosaurier, ein echter Vorfahre der Dinosaurier. Von *Prolacerta*, einem kleinen Insektenesser, stammen die echten Echsen ab.

DIE HERKUNFT DER DINOSAURIER

Die Veränderungen, die zur Entwicklung der ersten echten Dinosaurier führten, begannen viele Millionen Jahre früher, als die säugetierähnlichen Reptilien noch die Oberhand hatten. Die Vorfahren der Dinosaurier und zugleich aller heute noch lebenden Reptilien waren damals kleine, eidechsenähnliche Tiere von kaum mehr als 30 cm Körperlänge, die auf der Suche nach Beuteinsekten über den Boden glitten. Ihre Abkömmlinge entwickelten sich in zwei großen Linien: zu echten Echsen, die zunächst Insektenesser blieben, und zu den Archosauriern, von denen Krokodile, Dinosaurier und Vögel abstammen.

Der erste, einigermaßen bekannte Archosaurier ist der schon erwähnte *Proterosuchus*, der in Süßwasserflüssen und -seen in Süd-Pangaea lebte. *Proterosuchus* war 1,50 m lang und hatte einen gestreckten Schädel; sein kräftiges Gebiß beweist, daß er sich von Fleisch ernährte. An Land bewegte er sich mit seinen seitlich vom Körper abstehenden Gliedern noch reptilhaft-breitbeinig. *Proterosuchus* verzehrte Fische und Amphibien. Bisweilen hat er gewiß auch *Lystrosaurus* erbeutet, das säugetierähnliche Geschöpf, das in denselben Binnengewässern hauste. Bevor *Proterosuchus* auftrat, gab es keinen ähnlichen wasserlebenden Räuber, doch wissen wir aus seinem dramatischen Aufstieg, daß er offenbar eine sehr geeignete Lebensform gefunden hatte.

Ein Nachfahre von *Proterosuchus* kehrte bald auf das trockene Land zurück. Das schwer gebaute Tier mit den massigen Kiefern und dem kurzen, gedrungenen Leib, das in Afrika gefunden wurde, nannte man *Erythrosuchus*, das in China gefundene *Shansisuchus*. Solche wuchtigen Tiere konnten die pflanzenessenden Säugetiervorläufer angreifen, aber um großen Schaden anzurichten, waren sie zu langsam und zu unbeholfen.

Die Hauptentwicklung der Archosaurier in frühtriassischer Zeit vollzog sich in den Binnengewässern. Eine Gruppe wurde in Indien, Europa und Nordamerika sehr erfolgreich – die der Phytosaurier (= „Pflanzensaurier", heute allgemein als *Parasuchia*, Scheinkrokodile, bezeichnet). Ihre Lebensweise entsprach der unserer heutigen Krokodile, denen sie auch äußerlich glichen – wenigstens auf den ersten Blick. Sie wiesen dieselbe, praktisch undurchdringliche Panzerung aus Knochenplatten unter der Haut und dieselbe Anordnung kleiner Schädelknochengruben auf. Der äußerliche Hauptunterschied bestand darin, daß die Nasenlöcher bei den *Parasuchia* nicht wie bei den Krokodilen an der Schnauzenspitze, sondern dicht vor den Augen lagen.

Wie die Krokodile waren die Scheinkrokodile Fleischesser, doch gab es in den frühtriassischen Seen und Flüssen auch pflanzenessende Archosaurier. Am besten kennen wir *Stagonolepis*. Löcher im deutschen und englischen Keuper (Gesteine aus der oberen Trias) zeigen, wo seine Knochen eingebettet waren, und aus Kautschukabgüssen dieser natürlichen Hohlformen wurde das vollständige Skelett mit Hautpanzer rekonstruiert. Abkömmlinge von *Stagonolepis*, etwa *Typothorax* in Nordamerika und *Aetosaurus* in Deutschland, entwickelten große Knochenplatten und Stacheln zum Schutz gegen ihre angriffslustigen fleischessenden Verwandten.

Doch ob Pflanzen- oder Fleischesser, die wasserlebenden Archosaurier besaßen etliche gemeinsame Merkmale. Alle hatten einen so oder so gearteten Panzer aus Hautverknöcherungen, alle hatten einen schweren, muskulösen Schwanz. Diesen seitlich abgeplatteten Schwanz konnten die Tiere beim Schwimmen als Paddel benutzen. Mit zunehmender Kräftigung der Muskeln war der Schwanz außer zum Schwimmen auch als Angriffs- und Verteidigungswaffe brauchbar.

Eine weitere Entwicklung, die die Archosaurier schwimmtüchtiger machte, war das Längenwachstum und die Kräftigung der Hinterbeine. Im Wasser braucht ein Tier Hinterbeine, die länger und stärker sind als seine vorderen Gliedmaßen und für den nötigen Schub sorgen. Aber eine Verlängerung der hinteren Extremitäten hilft nicht viel, wenn die Glieder noch seitlich schräg vom Körper abstehen. Sie müssen vielmehr nach unten wachsen, also unter dem Körper stehen, damit sie nach hinten wegschlagend gegen das Wasser drücken können.

Die Vorgänger der Dinosaurier waren kleine, insektenessende Reptilien, wie die Millerechse (*Millerosaurus*) und die Young-Eidechse (*Youngina*). Mit seitlich gespreizten Beinen krochen sie an Land vorwärts. Ihre Nachkommen begaben sich wieder ins Wasser und bekamen kräftigere Beine und Schwänze, die ihnen beim Schwimmen halfen.

Millerosaurus

Youngina

Proterosuchus

Allmählich verwandelten sich die Gliedmaßen der Archosaurier, ähnlich wie bei den ersten Amphibien, als diese sich 125 Millionen Jahre früher aufs Land begaben. Wie immer in der Entwicklungsgeschichte des Lebens, setzten sich solche Arten durch, überlebten und vermehrten sich, bei denen sich vorteilhafte Veränderungen entwickelt hatten – in diesem Fall die neue Gliederstellung, die auf dem Land wie im Wasser gleich nützlich war. Das erste bekannte Krokodil (*Protosuchus*), gefunden in Triasschichten Nordamerikas, hat eindeutig auf diese Weise beim Laufen begonnen, seine Schrittlänge dadurch zu vergrößern, daß es seine Gliedmaßen aus den Schultern und Hüften und nicht mehr wie die Kriecher hauptsächlich aus Ellbogen und Knien bewegte.

So wie einst die Fische mit Knochenflossen, konnten sich Archosaurier mit längeren Hintergliedern und einer anderen Körperhaltung in ihrer gewohnten Umgebung besser behaupten. Nicht anders als die früheren evolutionären Ereignisse machten auch diese Neuerungen noch bedeutsamere Entwicklungen möglich. Da die Archosaurier schwere, muskulöse Schwänze bekamen, dazu Hinterbeine, die länger waren als die vorderen Gliedmaßen und die sie auch anders hielten, eröffnete sich ihnen auf dem Lande eine völlig neue Fortbewegungsart. Sie fanden es schwierig, einigermaßen rhythmisch auf allen vieren zu gehen, vermochten aber auf den Hinterbeinen aufgerichtet zu stehen; der schwere Schwanz bildete das Gegengewicht zu Kopf und Körper. Sie konnten auch auf den Hinterbeinen laufen, ohne daß die Vorderglieder Bodenkontakt hatten. Sie machten ausnehmend große Schritte, und die Beine trugen den Körper immer besser. Der springende Punkt war: Sie konnten sich nun auf dem Land rascher fortbewegen als alle Vierfüßer der damaligen Zeit.

Während diese Veränderungen vor sich gingen, lebten die Archosaurier geschützt im Wasser, wo keine säugetierähnlichen Reptilien sie behelligten. Als aber die Umgestaltung vollzogen war, machten die neuen zweibeinigen Dinosaurier den Säugetierähnlichen ihren Herrschaftsbereich streitig.

DIE ERSTEN FLEISCHESSENDEN DINOSAURIER

Der unmittelbare Vorgänger der Dinosaurier war *Euparkeria*, der wesentlich später als *Proterosuchus* auftrat, nämlich zu Beginn der Triaszeit. *Euparkeria* war ein kleines, 60 cm bis 1 m langes Reptil. Da es von frühen halbaquatischen Tieren abstammte, hatte es einen langen Schwanz sowie Hinterbeine, die etwas länger waren als seine vorderen Glieder. Man stellt Euparkeria meist im zweibeinigen Lauf dar, doch wenn man sein Skelett genauer untersucht, ergibt sich, daß das Tier zwar auf zwei

Proterosuchus, der erste Archosaurier, lebte im Wasser. Zu seinen Nachfahren gehört der schwer gebaute *Shansisuchus*, der aufs Land zurückgekehrt war. Er konnte ebenso wie der im Süßwasser gebliebene *Stagonolepis* und andere pflanzenessende Archosaurier mit den länger gewordenen, mehr unter den Körper gestellten Beinen gut laufen. Auch das erste bekannte Krokodil, *Protosuchus*, bewegte sich auf neue Weise. Aus den Archosauriern entwickelten sich dann auch die auf zwei Beinen laufenden fleischessenden Dinosaurier.

Beinen gehen konnte, sich jedoch vorwiegend auf allen vieren fortbewegte.

Euparkeria lebte zu derselben Zeit und am gleichen Ort wie der große Fleischesser *Cynognathus*. Vor derart gefährlichen Räubern mochte er sich mit einem schnellen Spurt auf den Hinterbeinen in Sicherheit bringen, und da er selbst ein *Carnivore* (Fleischesser) war, wird ihm die Fähigkeit zu solchen Geschwindigkeits-Kraftakten auch geholfen haben, seine Beutetiere zu überraschen.

An der Schnauzenseite hatte *Euparkeria* eine fensterähnliche Öffnung, deren Seiten beckenförmig abfielen. Alle Archosaurier besitzen diese Öffnung, über deren Zweck die Wissenschaft viele verschiedene Theorien aufgestellt hat. Nach Ansicht mancher diente sie als Halterung der Kiefermuskeln, doch scheint sie für diese Aufgabe gar nicht richtig plaziert zu sein. Die wahrscheinlichste Erklärung ist die, daß sich dort eine große Drüse befand. Heutige Echsen haben in einer ähnlichen Öffnung zwischen den Nasenlöchern und den Augen eine Salzdrüse. Dieses besondere Organ, das überschüssiges Salz ausscheidet, wird bei heutigen Reptilien und Vögeln angetroffen, die sehr salzreiche oder sehr wasserarme Gebiete bewohnen. Wir wissen nicht, ob die Archosaurier eine vergleichbare Drüse entwickelten, weil ihre Lebensbedingungen ähnlich waren, doch hat man in triassischen Meeresablagerungen in Tunesien und Deutschland sowie in Binnengewässern Skelette mit einem außerordentlich hohen Salzgehalt gefunden.

In der Oberen Trias, vor 200 Millionen Jahren, trat ein neues Reptil auf. Als sein Fossil gefunden wurde, hielt man es zunächst für nichts weiter als eine fortgeschrittenere Form von *Euparkeria*; heute indes sind sich die Fachleute einig, daß es sich um einen echten Dinosaurier handelt. *Ornithosuchus*, 2 bis 3 m lang und bedeutend schwerer gebaut als *Euparkeria,* hatte einen proportional viel größeren Kopf und ein furchtbares Gebiß mit scharfen Dolchzähnen. Die Drüse im Vorderteil des Kopfes war enorm entwickelt. Der Schädel selbst lief vorn fast schnabelartig schmal zu; sein ansonsten beträchtlicher Umfang läßt auf mächtige Kiefermuskeln schließen. Rücken und Seiten waren mit Knochenplatten bedeckt, die auf dem Halse in scharfe Stacheln ausliefen und diese verwundbare Stelle gegen Angriffe schützte.

Aus *Ornithosuchus* sind alle großen fleischessenden Dinosaurier hervorgegangen, die sich in der Jura- und Kreidezeit entwickelten. Im späteren Teil der Triaszeit war *Ornithosuchus* selbst der schrecklichste der lebenden Dinosaurier. Seine Abkömmlinge wurden zunächst einfach größer. So stellt zum Beispiel der jurazeitliche *Megalosaurus* lediglich eine Großform von *Ornithosuchus* dar. Da diese Dinosaurier keine wirklichen Feinde hatten, wurde ihre Panzerung überflüssig und verschwand allmählich. Gefahr

Zu Beginn der Triaszeit, vor 225 Millionen Jahren, entwickelte sich der unmittelbare Vorgänger der Dinosaurier: *Euparkeria*, ein etwa 60 cm bis 1 m langes Reptil mit kräftigen Hinterbeinen. Es konnte zwar zweibeinig laufen, ging aber gewöhnlich auf allen vieren. Sein Nachkomme *Ornithosuchus* war dann der erste fleischessende Dinosaurier (rechts), mit 3 m Länge und 50 kg Gewicht wesentlich größer als *Euparkeria*. Er lief nur auf den Hinterbeinen. *Ornithosuchus* ist der Stammvater der Carnosaurier oder Raubtierzahn-Dinosaurier.

drohte *Ornithosuchus* und seinen Nachfahren im Grunde nur von Artgenossen, die die kleineren Jungtiere anfielen und verzehrten.

Obwohl alle großen fleischessenden Dinosaurier von *Ornithosuchus* abstammten, entwickelte sich – wahrscheinlich aus einem nahen Verwandten von *Euparkeria* – noch eine ganz andere Gruppe. Deren erster Vertreter, *Coelophysis* aus Nordamerika, hat die gleiche Länge wie *Ornithosuchus* und war ein ebenso aktiver, auf zwei Beinen laufender Fleischesser. Aber damit endet die Ähnlichkeit bereits. *Coelophysis*, ein ungemein schlankes Reptil, wog im Gegensatz zum 50 kg schweren *Ornithosuchus* kaum mehr als 23 kg. An seinem langen, schlanken Hals saß ein kleiner Schädel. Auch seine scharfen, sägeförmigen Zähne waren winzig. Zu dem langen Hals bildete der lange Schwanz das Gegengewicht. Die Hinterbeine waren lang und ebenfalls schlank. Die erste Hinterfußzehe zeigte nach Art der ersten Kralle eines Vogels gewöhnlich nach hinten, während die Hände lange, schmale Finger besaßen, die das Tier durchaus zum Ergreifen der Beute befähigten. Während der ganzen Zeit ihres Bestehens behielten diese *Carnivoren* ihre langfingrigen Hände bei, indes die Arme der größeren, schwereren Fleischesser nach und nach kürzer und weniger brauchbar wurden.

Die von *Ornithosuchus* abstammende Dinosauriergruppe nennt man Carnosaurier oder Raubtierzahn-Dinosaurier, die Abkömmlinge von *Coelophysis* Coelurosaurier (Hohlknochen-Dinosaurier). Sie waren beide Fleischesser, doch wie es aussieht, haben sie einander bei der Nahrungssuche nicht unmittelbar Konkurrenz gemacht. Die Carnosaurier hatten plumpe Schädel mit Dolchzähnen sowie riesige Klauen an den kräftigen Hinterbeinen. Obgleich sie gefährliche Tiere waren, muß ihr ungeschlachter Körperbau ihre Laufgeschwindigkeit gedrosselt haben; wollten sie andere, langsame Tiere überwältigen, so konnten sie nur ihre Kraft und Stärke ausspielen. Ganz anders die Coelurosaurier. Ihr Erfolg beim Beutefang beruhte ausschließlich auf ihrer Flinkheit. Mit den langen Fingern der Hände vermochten sie kleinere Tiere zu packen und ihnen sogar Fleischstücke aus dem Körper zu reißen. Sie hatten einen langen, biegsamen Hals, den sie vorstrecken konnten, um mit ihren bezahnten Kiefern nach Insekten, Echsen oder auch eben ausgeschlüpften Dinosauriern zu schnappen. Da die beiden Gruppen so verschieden waren, gelang es den Carnosauriern und den Coelurosauriern, das ganze Zeitalter der Dinosaurier nebeneinander auf dem Land zu existieren.

Links: Die Schädel von *Euparkeria* und *Ornithosuchus* zeigen die dolchartigen Fleischesserzähne und die Höhlung zwischen Auge und Nasenloch, in der sich eine große Drüse befand. Ihre Beckengürtel, von vorn gesehen, zeigen die unterschiedliche Stellung der Oberbeinknochen: *Euparkerias* Beine (links) sind seitlich gespreizt, *Ornithosuchus'* Beine wuchsen senkrecht nach unten.

Die andere Gruppe der fleischessenden Dinosaurier, die Coelurosaurier (Hohlknochen-Dinosaurier), sind Nachkommen von *Coelophysis.* Dieser lebte zur gleichen Zeit und war von gleicher Größe (etwa 2 m) wie *Ornithosuchus,* jedoch viel schlanker und beweglicher; sein Kopf war kleiner, Hals und Schwanz waren länger.

DIE ERSTEN PFLANZENESSENDEN DINOSAURIER

In nordamerikanischem und europäischem Gestein aus der Trias hat man seit dem frühen neunzehnten Jahrhundert zahllose Fährtenspuren mit Fußabdrücken gefunden. Am berühmtesten waren die Abdrücke, die man vor 150 Jahren in Thüringen fand. Sie wurden einem Tier zugeordnet, das man *Chiroterium* – „Handtier" – nannte, weil die Abdrücke so aussahen, als seien sie von der Hand eines Säugetiers getreten worden: Der erste Finger bzw. Zeh stand genau wie bei der Menschenhand von den übrigen ab. Doch als man den Verlauf der Fährtenspur betrachtete, ergab sich ein verwirrendes Rätsel: Daumen und große Zehe befanden sich an den Außenseiten von Hand und Fuß. – Hatte dieses Tier bei jedem Schritt die Beine gekreuzt? Erst lange Zeit später erkannten die Wissenschaftler, daß dieser „Daumen" in Wirklichkeit das fünfte Glied, nämlich die Entsprechung des kleinen Fingers oder Zehs war und daß dies charakteristisch ist für die frühen Dinosaurier wie *Euparkeria*. Tatsächlich waren die Füße des „Handtieres" genauso beschaffen wie die von *Euparkeria*.

Als man die „Handtier-Fährten" entdeckte, waren Dinosaurier noch völlig unbekannt. Die Fachleute wußten, daß die Spuren nicht von einem Säuger stammen konnten; sie schrieben sie einer Art Riesenamphibie zu. Man fertigte eine Rekonstruktion dieses vermuteten Tieres an.

Obgleich man keine Reptilienknochen in der Nähe dieser Fußabdrücke fand, konnte man sich ein Bild vom wirklichen Aussehen dieses Wesens machen. Bekannt war, daß zwischen den Hinter- und Vorderbeinen ein beträchtlicher Größenunterschied bestand, da die Abdrücke der Füße fast doppelt so groß sind wie die der Hände. Die Fährtenspur von *Chirotherium* ist schmal und beweist damit, daß dieses Tier – anders als *Euparkeria* – seine Gliedmaßen unmittelbar unter dem Körper hielt. Der Leib wurde bodenfrei getragen, und es fanden sich keine Spuren von einem nachschleifenden Schwanz. Das Muster der Fuß- und Handabdrücke zeigt genau, wie *Chirotherium* ging, nämlich schreitend, indem es abwechselnd ein Vorder- und ein Hinterbein an entgegengesetzten Körperseiten bewegte, so wie wir es von Pferden, Hunden, Katzen und anderen Tieren kennen. War der linke Fuß vorn, gleich hinter der linken Hand, so befand sich der rechte Fuß hinten, und die rechte Hand trat den vordersten Abdruck. Während der rechte Fuß vor- und damit dicht hinter die rechte Hand gesetzt wurde, bewegte sich die linke Hand nach vorn und tat den nächsten Schritt. Messungen des Abstands zwischen den Handabdrücken gaben Anhaltspunkte, wo das Schultergelenk saß. Ebenso kann man die Position des Hüftgelenks aus den Fußabdrücken ableiten und den Abstand zwischen Schulter und Hüfte ermitteln.

Viele Jahre nach der wissenschaftlichen Rekonstruktion

Fossile Fußabdrücke von *Chirotherium* ähneln sehr dem Abdruck einer menschlichen Hand. In Wirklichkeit war jedoch der „Daumen" der fünfte, also der kleine Finger oder Zeh.

Ohne einen Knochen von *Chirotherium* gefunden zu haben, entwarfen Wissenschaftler nach den vielen Fährtenspuren ein Bild seines wirklichen Aussehens (siehe unten). Als viele Jahre später ein vollständiges Skelett entdeckt wurde, entsprach es genau diesem Bild. Das 2–3 m lange Tier wurde nun *Ticinosuchus* genannt. Es gehörte nicht zu den fleischessenden Dinosauriern, die sich bis dahin entwickelt hatten, sondern war der Vorfahr einer neuen Gruppe von pflanzenessenden Dinosauriern, die dann später zu den größten Landtieren aller Zeiten wurden.

des *Chirotheriums* wurde in den Tessiner Alpen (Schweiz) das vollständige Skelett eines sehr ähnlichen Tieres gefunden. Bei *Ticinosuchus*, wie es genannt wurde, stand die fünfte Zehe am Fuß noch ab, der fünfte Finger an der Hand hingegen nicht. Das bedeutet nicht, daß kein Zusammenhang mit *Chirotherium* bestand, sondern lediglich, daß es ein fortgeschritteneres Landtier war. Das abstehende fünfte Glied gibt den Füßen einen besseren Halt am Boden und wird überflüssig, wenn das Tier sein Laufvermögen vervollkommnet. Die fünften Finger und Zehen rutschen allmählich an die anderen Finger und Zehen heran, werden kleiner oder verschwinden in manchen Fällen ganz. Zweifellos sind der vierfüßige *Ticinosuchus* und das *Chirotherium* sehr nahe Verwandte.

Ticinosuchus war noch kein Dinosaurier, aber er wurde zum Vorfahren einer neuen Untergruppe von Dinosauriern, aus denen dann die größten aller bekannten Landtiere hervorgingen – die *Sauropoden* oder Elefantenfuß-Dinosaurier.

Eines der ersten Tiere dieser Gruppe, *Thecodontosaurus*, war mit seinen 2–3 m etwa so groß wie *Ticinosaurus*, doch hatte er einen längeren Hals und einen kleineren Kopf. Er besaß noch die Zähne eines Fleischessers, doch waren sie bei ihm gekerbt und hatten keine scharfen Spitzen mehr.

Der fleischessende *Thecodontosaurus* hat es vermutlich nicht leicht gehabt. Weder vermochte er mit seiner Beute so geschickt fertig zu werden wie *Ornithosuchus*, noch kann er sich mit Erfolg gegen andere Carnosaurier verteidigt haben. Infolge seiner Plumpheit war er auch viel unbeholfener als *Coelophysis* und die anderen Coelurosaurier.

Thecodontosaurus war aus zwei Gründen bemerkenswert. Erstens entwickelte er sich wie alle übrigen Dinosaurier aus einem vierbeinig laufenden Reptil. Er konnte zwar auf zwei Beinen laufen, zog aber die vierbeinige Fortbewegung vor. Zweitens kündigte sich in *Thecodontosaurus* eine Veränderung in der Ernährungsweise der Dinosaurier an.

Sämtliche Dinosaurierarten stammen von fleisch- oder fischessenden Reptilien ab; ein großer Teil aber entwickelte sich zu Pflanzenessern. Es muß sich also an irgendeinem Punkt ein grundsätzlicher Wechsel von einem Nahrungstyp zu einem anderen vollzogen haben. *Thecodontosaurus* und seine Verwandten bilden hier ein Zwischenstadium; sie begannen, eine vorwiegend fleischliche Kost mit pflanzlicher zu mischen. Nicht lange, und diese Vorläufer der großen *Sauropoden* waren völlig zu Pflanzenessern geworden.

Der 2–3 m lange *Thecodontosaurus* (unten) war der erste Dinosaurier, der Pflanzen aß, obwohl er auch kleine Kriechtiere nicht verschmähte. Skelette von ihm fand man in Deutschland und England.
Sein naher Verwandter *Massospondylus* (ganz unten) war doppelt so groß. Man fand ihn in Südafrika. Seine Zähne zeigen, daß er schon ganz auf Pflanzenkost eingestellt war.

PLATEOSAURUS, DER ERSTE WARMBLÜTIGE DINOSAURIER

Später sollte es eine Menge verschiedener pflanzenessender Dinosaurier geben; doch gegen Ende der Triaszeit existierte nur eine einzige große Gruppe von erfolgreichen Vegetariern. Diese Vorfahren der großen *Sauropoden* tummelten sich in Europa und Asien von England bis China, in Nordamerika und im südlichen Afrika.

Während der Vorherrschaft der pflanzenessenden säugetierähnlichen Reptilien hatte sich die erste stabile Nahrungskette herausgebildet, in der viele Pflanzenesser die Beutetiere für einige wenige Fleischesser abgaben. Als die ersten Dinosaurier auftraten, vernichteten sie diese säugetierähnlichen Reptilien und zerstörten damit die Nahrungskette; denn sie waren damals allesamt Fleischesser.

Nun ist es aber kaum möglich, das Land ausschließlich mit Fleischessern zu bevölkern. Wenn sie sich nur gegenseitig verspeisen könnten, müßten sie bald aussterben. Pflanzen dagegen sind eine schier unerschöpfliche Futterquelle, und als sich die pflanzenessenden Dinosaurier entwickelten, wurde die Nahrungggskette wieder geschlossen. Nunmehr lebten die meisten Tiere von Pflanzen, während die fleischessenden Dinosaurier sowie die Aasesser, die die Überreste von deren Beutetieren vertilgten, sich von den Herbivoren (Pflanzenesser) ernährten.

Der bekannteste frühe Pflanzenesser unter den Dinosauriern ist *Plateosaurus*. Gleich seinem Vorläufer *Ticinosuchus* ging er vierbeinig, denn sein fünfter Finger war wie der des *Chirotheriums* abgespreizt, was beweist, daß *Plateosaurus* die Hand zur Fortbewegung benutzt haben muß. Aus Fußabdrücken wissen wir, daß die Tiere oft über weichen, nachgebenden Sand- und Schlammboden liefen, wo eine breite Hand ein großer Vorteil war. Der Daumen hatte eine starke Kralle, die das Tier zu mancherlei Zwecken gebraucht haben könnte – als Waffe gegen fleischessende Dinosaurier, zum Festhalten des Weibchens bei der Paarung (wofür mehrere Reptilien Klauen oder Daumen besitzen) oder um in weichem, morastigem Boden einen besseren Halt zu finden. Erster und zweiter Finger hatten kleinere Klauen, die letzten zwei keine.

In der Regel bewegte sich *Plateosaurus* vierbeinig fort; indessen wissen wir aus einigen Fußabdrücken, daß er manchmal nur auf den Hinterbeinen rannte. Der lange Schwanz bildete zwar ein gutes Gegengewicht zu Kopf und Körper, doch war das Tier 6 m lang und somit kaum imstande, in dieser Haltung sehr lange zu laufen. Wahrscheinlich benutzte es die zweibeinige Fortbewegungsart zu kurzen Spurts, wenn es einer Gefahr entrinnen wollte. Allerdings wird *Plateosaurus* oft auf zwei Beinen gestanden haben. Viele Bäume der damaligen Zeit hatten hohe, nackte Stämme, an deren Spitzen ähnlich wie bei den heutigen Palmen Wedel wuchsen. Mit gerecktem Hals auf den Hinterbeinen aufgerichtet, war *Plateosaurus* 3 m hoch und konnte so unschwer diese wertvolle Nahrung erreichen.

Plateosaurus gelang noch ein anderer, wesentlicher Fortschritt: Er entdeckte, daß die große Anzahl Schutz gewährte. Obwohl er fast doppelt so lang war wie die damaligen Fleischesser mit ihren maximal drei Metern, hätte er einen Kampf allein kaum bestehen können. Mit dem einzelnen *Plateosaurus* wurde ein Raubsaurier leicht fertig, aber eine ganze Herde stellte ihn doch vor andere Probleme.

Wir wissen, daß *Plateosaurus* in Herden lebte; denn Fußabdrücke zeigen, daß mehrere Tiere der gleichen Art genau in dieselbe Richtung wanderten. Hätten die Tiere die Abdrücke in diesem Gebiet zu verschiedenen Zeiten getreten, würden die Fährtenspuren nicht auf gleicher Ebene parallel verlaufen. Weitere Beweise sind Skelette, die zu mehreren beieinanderliegend gefunden wurden. Wenn Plateosaurier häufig gemeinsam starben, dürfen wir mit Gewißheit annehmen, daß sie einander auch im Leben Gesellschaft leisteten.

Außer durch eine Herdenexistenz erhöht auch die Größe eines Tieres seine Überlebenschancen. Ein gewaltiger Körperumfang kann Feinde abschrecken, und bei fast allen pflanzenessenden Formen ist zu beobachten, daß die Tiere im Laufe ihrer Entwicklung allmählich an Größe zunehmen. Wird ein Tier größer, so dauert das Erwärmen oder Abkühlen seiner Körperoberfläche naturgemäß länger. Wenn es eine bestimmte Größe erreicht hat, bleibt die Innentemperatur des Tieres stets die gleiche – wir bezeichnen es als warmblütig. *Plateosaurus*, von doppeltem Umfang wie sein Vorgänger *Ticinosuchus*, doch nur ein Viertel so lang wie seine riesigen Nachfahren, war der erste warmblütige Dinosaurier.

Diese Warmblütigkeit der Dinosaurier kam jedoch anders zustande, als wir es von Vögeln und Säugetieren kennen. Wie schon gesagt, beruht die konstante Innentemperatur dieser Tiere darauf, daß sie ihre Nahrung rasch verbrennen und über ein isolierendes Haar- oder Federkleid verfügen. Bei den Dinosauriern blieb die Körpertemperatur nur durch ihre enorme Größe konstant. Für einen raschen Stoffwechsel waren sie einfach zu groß; sie brauchten enorme Mengen Nahrung, und bei einer schnellen Verbrennung hätten sie täglich 24 Stunden lang ununterbrochen essen müssen, was ganz unmöglich ist. Zur Blutversorgung aller Körperteile benötigen beide Warmblüterformen Arterien und Venen. In dieser Hinsicht müssen die Dinosaurier bei ihren gewaltigen Dimensionen besonders gut ausgestattet gewesen sein, und wirklich können wir unter dem Mikroskop in einem Dinosaurierknochen ein ganzes Mosaik von sehr feinen Blutgefäßen erkennen. Die Durchblutung der Knochen funktionierte bei ihnen tatsächlich besser als selbst beim Menschen.

Der ausgewachsene Dinosaurier brauchte keine hohe Stoffwechselrate; aber beim Jungtier lagen die Dinge anders. Frisch geschlüpfte Dinosaurier waren nur etwas über einen Meter lang und mußten rasch wachsen. Wäre das Wachstum bei ihnen im gleichen Tempo wie bei den heute lebenden Reptilien verlaufen, hätten sie ihre volle Größe erst im Alter von 200 Jahren erreicht. Man hat die Wachstumsringe der Knochen eines alten Dinosauriers gezählt und festgestellt, daß er bei seinem Tode 120 Jahre alt war. Wenn ein Tier schnell wachsen soll, muß es warmblütig sein, und da die jungen Dinosaurier nicht groß genug waren, um ihre Temperatur allein mit Hilfe ihrer Größe zu regulieren, könnten sie durchaus einen raschen Stoffwechsel gehabt haben. Während sie größer wurden, verlangsamte sich dieser Prozeß.

Die pflanzenessenden Dinosaurier entwickelten sich 20–30 Millionen Jahre später als die fleischessenden, nämlich am Ende der Trias. Einer der ersten war *Plateosaurus*, dessen Fossilien in Deutschland und England gefunden wurden. Er war 6 m lang, doppelt so groß wie die Fleischesser seiner Zeit. Seine Hinterbeine waren länger als die Vorderglieder; dennoch ging er meistens auf allen vieren. Nur wenn er rasch flüchtete oder Blattwerk von den Bäumen rupfte, erhob er sich auf die Hinterbeine.

MELANOROSAURUS UND DIE ERSTEN VOGELBECKEN-DINOSAURIER

Gegen Ende der Triaszeit lebten die größten Vorläufer der echten, pflanzenessenden Elefantenfußsaurier, der *Sauropoden,* in Südafrika. *Melanorosaurus* war 12 m lang und damit zweimal so groß wie der ihm verwandte *Plateosaurus.* Offenbar erwies sich Größe als ein Vorteil, denn während seine kleineren Verwandten ausstarben, wurde *Melanorosaurus* der unmittelbare Vorfahr der riesigen *Sauropoden,* die zu den erfolgreichsten aller Dinosauriergruppen gehören.

Wirklich kolossale Dinosaurier mit einem Gewicht von 20 Tonnen oder mehr hätten niemals entstehen können, wenn ihnen die Glieder nicht schon wie Stützsäulen unter den massigen Körpern gewachsen wären. Hätten sie noch seitlich abstehende Gliedmaßen wie *Euparkeria* gehabt, wäre das Gewebe ihrer Körperwandung nicht imstande gewesen, ihr Gewicht zu tragen und das Hervorbrechen der Eingeweide zu verhindern. Da sich schon bei früheren Tieren, zum Beispiel beim *Ticinosuchus,* eine bessere Steh- und Laufweise entwickelt hatte, wurden die riesigen *Sauropoden* möglich.

Während diese Dinosauriergruppe immer größere Formen herausbildete, entwickelte sich auch eine völlig andere Art. Es waren sehr kleine, nicht einmal einen Meter lange Dinosaurier, die ersten Vertreter der zweiten großen Gruppe, der Vogelbecken-Dinosaurier *(Ornithischia).*

Von den frühesten Vogelbecken-Dinosauriern ist uns nur einer gut bekannt – *Fabrosaurus.* Er war Pflanzenesser und ungefähr 1 m lang, besaß lange, schlanke Hinter- und viel kürzere Vorderbeine und konnte offenbar ausgezeichnet laufen. Wahrscheinlich weidete er vierbeinig, lief jedoch bei Bedrohung durch einen Fleischesser kürzere Strecken zweibeinig. Seine Füße waren lang, und seine Hand besaß noch den seitlich gestellten fünften Finger, der aber jetzt recht klein geworden war. Alle übrigen Finger trugen scharfe Krallen.

Wie alle Dinosaurier, mußten es auch die kleinen *Ornithischia* irgendwie bewerkstelligen, daß ihre Körpertemperatur in der Mittagssonne nicht zu sehr anstieg und nachts nicht zu stark sank. Wie schon gesagt, dauerte bei den großen Dinosauriern das Erwärmen und Abkühlen so lange, daß ihre Innentemperatur von Tag-Nacht-Schwankungen kaum beeinflußt wurde und ungefähr auf dem Stand des Tagesmittels ihrer Umgebung blieb. Aber die kleinen Dinosaurier hatten dazu nicht genug Masse, und sie hatten auch keine hohe Stoffwechselrate. Statt dessen regelten sie ihre Temperatur auf die gleiche Weise, wie es heute einige tropische Echsen machen. Wenn es dem *Fabrosaurus* zu heiß wurde, suchte er den Schatten auf, und wenn er zu sehr abkühlte, kehrte er in den Sonnenschein zurück. Nachts verharrte er infolge seiner gesunkenen Innentemperatur in einem Erstarrungszustand, doch

bei seinem geringen Umfang wird ihm in den ersten Sonnenstrahlen rasch wieder warm geworden sein.

Auf den ersten Blick sah *Fabrosaurus* ziemlich genauso aus wie die zweibeinigen Fleischesser seiner Zeit, die *Coelurosaurier.* Doch gab es zwei wichtige Abweichungen. Die erste bestand in der unterschiedlichen Anordnung der Beckengürtelknochen, wonach man die beiden Hauptgruppen der Dinosaurier bestimmt, die Echsenbecken-Dinosaurier *(Saurischia)* und die Vogelbecken-Dinosaurier *(Ornithischia).*

Der Beckengürtel umfaßt drei Hauptknochen, das Darmbein *(Ilium),* das Schambein *(Pubis)* und das Sitzbein *(Ischium).* Bei der ersten Gruppe, den Echsenbecken-Dinosauriern, ist das Darmbein an der Wirbelsäule befestigt, während das Schambein nach vorn und das Sitzbein nach abwärts gerichtet sind. Die Vertreter der zweiten Gruppe, die Vogelbecken-Dinosaurier, haben die gleichen drei Knochen. Bei ihnen ist das Darmbein noch an der Wirbelsäule befestigt und das Sitzbein nach hinten gerichtet, doch hat sich das Schambein nach hinten geschoben, so daß es am unteren Teil des Sitzbeins anliegt, und hat einen Fortsatz, ein neues, nach vorn gerichtetes breites Knochenstück ausgebildet.

Der Name *Ornithischia* oder Vogelbecken-Dinosaurier rührt daher, daß ihre Beckenknochen genauso angeordnet

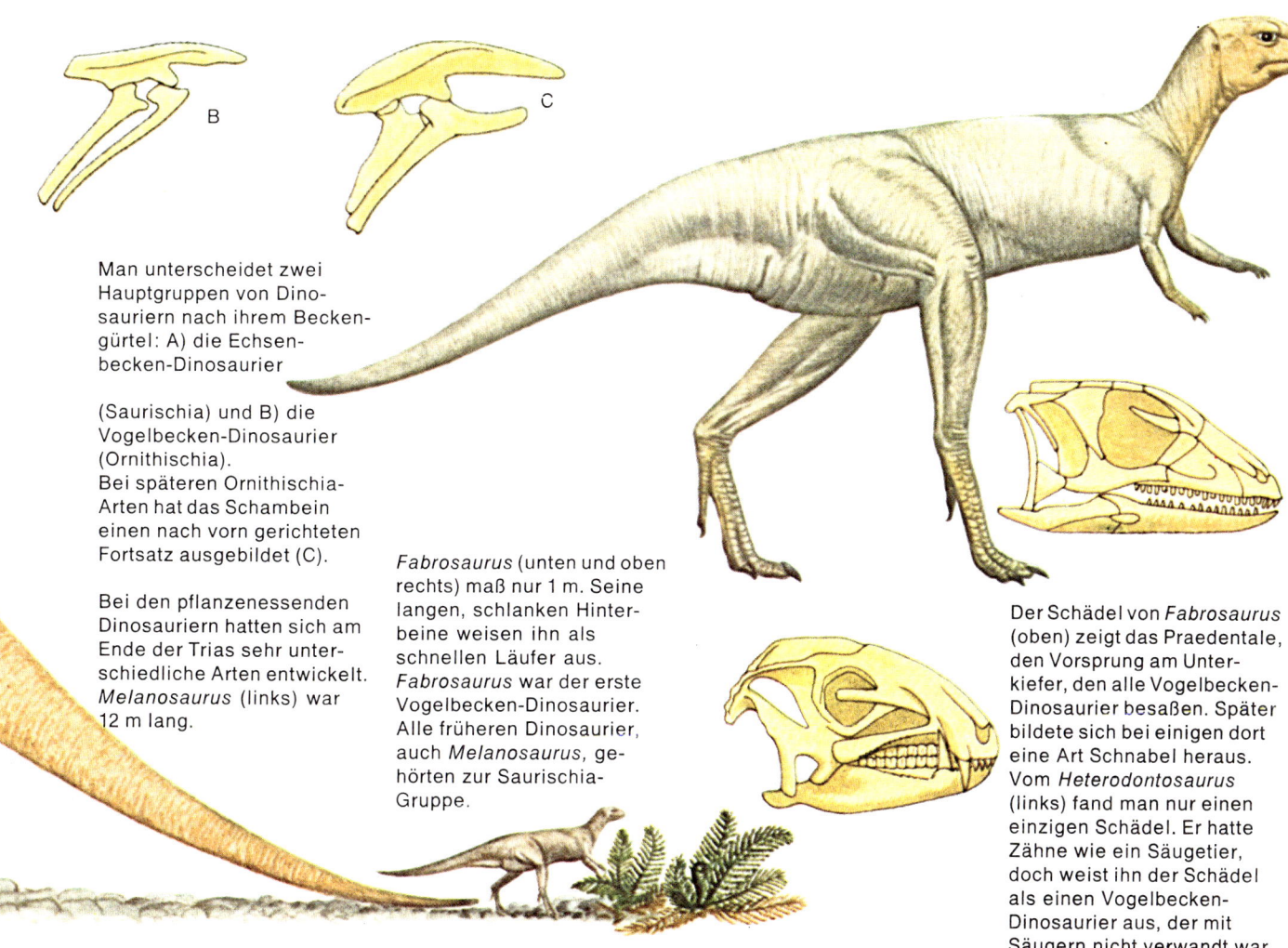

Man unterscheidet zwei Hauptgruppen von Dinosauriern nach ihrem Beckengürtel: A) die Echsenbecken-Dinosaurier (Saurischia) und B) die Vogelbecken-Dinosaurier (Ornithischia). Bei späteren Ornithischia-Arten hat das Schambein einen nach vorn gerichteten Fortsatz ausgebildet (C).

Bei den pflanzenessenden Dinosauriern hatten sich am Ende der Trias sehr unterschiedliche Arten entwickelt. *Melanosaurus* (links) war 12 m lang.

Fabrosaurus (unten und oben rechts) maß nur 1 m. Seine langen, schlanken Hinterbeine weisen ihn als schnellen Läufer aus. *Fabrosaurus* war der erste Vogelbecken-Dinosaurier. Alle früheren Dinosaurier, auch *Melanosaurus*, gehörten zur Saurischia-Gruppe.

Der Schädel von *Fabrosaurus* (oben) zeigt das Praedentale, den Vorsprung am Unterkiefer, den alle Vogelbecken-Dinosaurier besaßen. Später bildete sich bei einigen dort eine Art Schnabel heraus. Vom *Heterodontosaurus* (links) fand man nur einen einzigen Schädel. Er hatte Zähne wie ein Säugetier, doch weist ihn der Schädel als einen Vogelbecken-Dinosaurier aus, der mit Säugern nicht verwandt war.

sind wie bei den heutigen Vögeln. Aber deswegen darf man diese Dinosaurier nicht für Vorfahren der Vögel halten. Wie wir später sehen werden, stammte der erste Vogel von den *Coelurosauriern* aus der Echsenbecken-Dinosauriergruppe ab.

Der zweite wichtige Unterschied zwischen den *Saurischia* und den *Ornithischia* besteht in den Schädelknochen. *Fabrosaurus* hatte kleine, scharfe Zähne, die gegeneinandermahlten und Pflanzen gut zerschneiden konnten. Der vordere Kieferteil indessen wies eine breite unbezahnte Lücke auf. Dort wuchs ein Knochen, den man als das *Praedentale* bezeichnet. Diesem Knochen saß vermutlich ein scharfer Hornschnabel zum Schneiden von Blättern, Zweigen und hartem pflanzlichen Material auf, der bei keiner weiteren Reptilgruppe nachgewiesen werden konnte.

Von *Heterodontosaurus*, einem anderen kleinen Vertreter der Vogelbecken-Dinosaurier, der zur selben Zeit wie *Fabrosaurus* lebte, kennen wir nur einen Schädel und einen Unterkiefer. Die Form des Schädels mit seiner großen Drüsenöffnung sagt uns, daß es sich um einen Dinosaurier handelt, und sein Kiefer mit dem *Praedentale* weist das Tier als Vogelbecken-Dinosaurier aus. *Heterodontosaurus* ist besonders interessant, weil seine Zähne weit mehr denen eines Säugers ähneln als denen eines Reptils. Wir wissen zwar, daß er weder mit den späteren Säugern noch selbst mit den früheren säugetierähnlichen Reptilien irgendwie zusammenhing, doch wenn man nur die Zähne allein ohne den Schädel und den Kiefer gefunden hätte, wäre jedermann überzeugt gewesen, sie gehörten einem Säugetier. *Heterodontosaurus* ist eines von vielen Beispielen dafür, daß sich die Dinosaurier mit einer erstaunlichen Vielfalt von Abwandlungen der Formen auf ihre verschiedenen Lebensweisen einzustellen verstanden.

Aus *Fabrosaurus* und ähnlichen Arten entwickelten sich unendlich viele pflanzenessende Vogelbecken-Dinosaurier. Sie entfalteten sich weit formenreicher als die ihnen verwandten Echsenbecken-Dinosaurier. Nach und nach entdeckt man immer mehr von ihnen, doch Hunderte von Arten mögen spurlos verschwunden sein und unauffindbar bleiben.

TIERE DER NIEDERUNGEN

Untersuchungen triassischen Gesteins in Deutschland, England und dem östlichen Nordamerika geben uns Aufschlüsse darüber, in welchen Landschaften die Reptilien vor 200 Millionen Jahren gelebt haben. Wir kennen drei hauptsächliche Umweltformen – die Niederungen, das Hochland und die Küsten des großen Tethysmeeres.

Die Niederungen waren trockene Halbwüsten mit Sanddünen und tiefen Schluchten, die von plötzlichen Regengüssen ausgewaschen wurden und den Wadis der heutigen Wüsten gleichen. Die Flüsse führten im Rhythmus der Jahreszeiten Wasser und ergossen sich in ausgedehnte Binnenseen. Gepanzerte Amphibien, Knochenfische, *Krustazeen* und Schalentiere bevölkerten die Gewässer, an deren Grund und Ufer viele Pflanzen wie Farne, Schachtelhalme, Palmfarngewächse und Koniferen üppig gediehen.

Wenn in der Trockenzeit die Seen schrumpften und die Flüsse nur noch aus einer Reihe einzelner kleiner Tümpel bestanden, traten große, kahle Sand- und Schlammflächen zutage. Der Schlamm trocknete in der Sonnenhitze aus. Risse entstanden, und gelegentliche leichte Schauer sprenkelten das Land mit Tropfenmarkierung. Wenn der Wind den Schlamm mit Wüstensand überwehte, wurden die Trockenrisse und selbst die Regentropfeneindrücke zugedeckt und als Versteinerungen bewahrt.

Viele dieser Sand- und Schlammschichten aus der Trias tragen an der Oberfläche Fußabdrücke aller Größen und Formen. Sie zeugen von reichem und bewegtem Leben. In den meisten Fällen läßt sich nachweisen, daß die Trittsiegel zu den Fußknochen bekannter Skelette passen. Daher kann man die Hauptgruppen der damals lebenden Reptilien identifizieren. Doch zeigen die Fußabdrücke außerdem, daß es in jeder Tiergruppe mehr Arten gegeben hat, als wir sie durch die Skelettfunde kennen. Und sie verraten uns, daß manche Reptilgruppen schon lange vor der Zeit existierten, aus der unsere ältesten Knochenfunde stammen. Die Laufspuren sind besonders wertvoll, weil wir an ihnen ablesen können, wo tatsächlich Tiere gelebt haben, während aus fossilen Skeletten nur zu ersehen ist, wo die toten Körper zuletzt liegengeblieben sind.

Herden pflanzenessender Dinosaurier taten sich an der Vegetation gütlich, und manchmal wurden ganze Gruppen von Sandstürmen überwältigt oder nach heftigen Regenfällen von einer Sturzflut erfaßt, wenn Tonnen von Wasser die Schluchten hinabwirbelten und alles mitrissen. Die massigeren der fleischessenden Dinosaurier, die *Carnosaurier,* jagten in den gleichen Regionen. Diese beiden Dinosauriergruppen waren die schwersten Reptilien der damaligen Zeit, und ihre Fußabdrücke sind vergleichsweise rar. Das bedeutet indessen nicht, daß sie weniger zahlreich als manche andere Tiere gewesen seien, sondern nur, daß sie auf der Pirsch nicht das Schlickwatt oder die Sumpfebenen überquerten.

Die bekanntesten Fußabdrücke sind die bereits erwähnten „Handtier"-Fährten. Da das *Chiroterium* als Fleisch- und Aasesser teils im Wasser, teils an Land lebte, kann es nicht überraschen, daß an den Rändern von Seen und Teichen so viele Trittsiegel von ihm erhalten geblieben sind. Weil die handähnlichen Abdrücke so stark ins Auge fallen, übersieht man leicht, daß dort noch viele kleinere, lang-

Plateosaurus

Rhynchosaurus

fingrige Abdrücke mit Schwanzschleifspuren im Sumpfboden vorhanden sind. Diese feineren Abdrücke rühren von einer Gruppe Echsen her, die auf den Fingerspitzen liefen und sich wahrscheinlich von Insekten und kleinen Krustentieren an den Seeufern ernährten.

Zu den ungewöhnlichsten Reptilien, die sich in der Triaszeit entwickelten, gehören die Groß-Schnabelechsen (*Rhynchosaurier*), plumpe und gedrungene Reptilien mit kräftigen Gliedern. Sie entfalteten sich innerhalb eines nach geologischen Begriffen kurzen Zeitraums und breiteten sich über den größten Teil des Festlandes aus. Heute findet man ihre Reste in Europa, Indien, Ost- und Südafrika, Nord- und Südamerika. Die großen Pflasterzähne in ihrem schnabelartigen Mund eigneten sich hervorragend zum Öffnen harter Schalen, und mit ihren Kiefern mögen sie die Samen von Palmfarnen und Ginkgogewächsen geknackt haben. Nach Ansicht mancher Fachleute ist es denkbar, daß sie im Erdreich nach Wurzeln gruben, aber wahrscheinlich aßen sie Süßwassermuscheln und andere Mollusken. Dabei sammelten sich in der Backentasche Schalenbruchstücke an, die später ausgespien wurden.

Andere bekannte Reptilien der Zeit waren die leichtgebauten, zweibeinigen, fleischessenden *Coelurosaurier* (Hohlknochen-Dinosaurier). Vermutlich haben sie die kleinen, uferbewohnenden Echsen und andere greifbare Reptilien erbeutet.

Endlich trat damals noch eine weitere Reptilgruppe auf, die Schildkröten. *Proganochelys,* die erste, besaß einen vollständigen, den Rumpf umhüllenden Panzer und im Gegensatz zu allen ihren Nachfahren Zähne. Die Schildkröten zogen in Süßgewässer, einige Arten wanderten später auch ins Meer zurück. Heute sind manche Fleischesser, manche Pflanzenesser. Bis auf den Verlust des Gebisses haben sie sich in ihrer langen Entwicklungsgeschichte kaum verändert.

TIERE DES HOCHLANDES

Wie schon gesagt, bleiben Fossilien in gebirgigen Gegenden nur sehr selten erhalten. Dort kommt es kaum dazu, daß ein Tierkadaver mit Sand oder Schlamm bedeckt wird. Viel größer ist die Wahrscheinlichkeit, daß Wind und Regen ihn rasch zerstören.

Doch in den Kalksteingebirgen bildeten sich oft tief in die Erde hineinreichende Höhlen und Risse. Oft wurden die Körper von Tieren, die diese Hochlandzonen bewohnten, hinabgespült und versteinerten in den Höhlensedimenten.

Das vergangene Leben dieser Regionen macht einen verblüffend modernen Eindruck. Zahlreiche dort gefundene fossile Echsen und Kleinsäuger sehen heute lebenden Arten recht ähnlich. Die hauptsächlichen Fleischesser waren

So sah es ungefähr im heutigen Deutschland vor 210 Millionen Jahren aus. Die fossilen Fußabdrücke, die der versteinerte Schlamm bewahrte, berichten uns von zahlreichen Tieren, die hier einst an den Ufern der Gewässer gelebt haben.

Coelophysis

Mastodonsaurus

Gerrothorax

Proganochelys

kleine Dinosaurier und Krokodile, doch am weitaus zahlreichsten waren kleine Echsen verschiedener Arten.

Am interessantesten ist *Kuehneosaurus*, der erste Gleitflieger. *Kuehneosaurus* besaß lange Hohlrippen mit seitlichen Fortsätzen, über die sich eine Hautmembran spannte. Er ähnelte dem Flugdrachen *(Draco)*, der in den Regenwäldern Asiens lebt. Wie *Draco* flog *Kuehneosaurus* nicht im eigentlichen Sinne des Wortes, sondern segelte wie mit einem Fallschirm schräg von Baumwipfeln herab.

Unter den Schnabelköpfen *(Rhynchocephalia)* gab es damals die Urahnen der Brückenechse Neuseelands, die als einzige Art dieser uralten Gruppe bis heute überlebt hat. Die Schnauzen dieser Echsen sind in charakteristischer Weise nach unten gekrümmt. Ihre kleinen Zähne sitzen nicht in Zahnfächern, sondern sind mit dem Kieferknochen verschmolzen.

Noch zwei andere Reptilien kennen wir aus dieser Gegend. *Procolophon*, das größere, war 1,30 m lang und scheint der letzte Nachkomme der frühesten Reptilien gewesen zu sein. Die anderen, die *Trilophosaurier* (Dreijochzahnechsen), waren kleine Insektenesser; sie hausten in und an steinigen Berglehnen. Die Höcker auf ihren Zähnen dienten zum Zerdrücken von Beuteinsekten.

Stellenweise lebten im Bergland allerlei frühe Säuger

(Mammalia), die vorwiegend von Insekten lebten, aber auch kleine Echsen nicht verschmähten. Es waren kleine, behaarte, spitzmausartige Tiere. Dank ihres raschen Stoffwechsels konnten sie des Nachts auf Beutefang gehen.

Ohne die Entdeckung dieser einzigartigen Höhlenablagerungen wäre uns die Vielfalt des Tierlebens abseits der Ebenen und Sümpfe unbekannt geblieben.

AN DEN GESTADEN DES TETHYSMEERES

An den Nordküsten des alten Tethysmeeres lagen Strände, gesäumt von Kliffen und Brandungshöhlen, wo viele uferbewohnende Tiere lebten. In der Trias, vor rund 200 Millionen Jahren, sank das sogenannte „germanische Becken" ab und wurde von Meerwasser überflutet. Mehrere Male hoben und senkten sich in diesen Jahrmillionen weite Landstriche, gerieten unter Wasser und fielen wieder trocken. In Mitteleuropa bildete sich mehrmals ein flaches Binnenmeer, das mit der Tethys durch schmale Meerengen im heutigen Südwestpolen verbunden war. Durch dieses Meer erstreckte sich eine Inselkette. Auf ihrer Landoberfläche entstanden Höhlen und Spalten, an den Ufern Brandungshöhlen. Die Strände und Höhlenböden waren mit rundem Kalksteingeröll bedeckt.

An diesen Stränden tummelten sich viele Tiere, die entweder ihre Nahrung bei Niedrigwasser am Ufer fanden oder auf Beutesuche ins Meer hinausschwammen. Gelegentlich wird *Ticinosuchus*, das „Handtier", dort an Land geräubert und gejagt haben; doch am allerhäufigsten traten die fischessenden Bastardsaurier (*Nothosauria*) auf, die zu den Paddelechsen gehörten. Sie waren im Grunde echte wasserlebende Tiere, konnten sich aber auch auf dem Lande fortbewegen, und ihre Jungen fanden Zuflucht vor den größeren Fleischessern in den Höhlen. Dort fand man im Bodengeröll ihre verschlissenen Knochen sowie die ihrer Beutefische.

Vor 210 Millionen Jahren war das westliche Bergland Englands der Lebensraum von Echsen, Krokodilen, kleinen Säugern und Dinosauriern. Im Kalkstein fand man auch Fossilien von *Kuehneosaurus*, einem der frühesten Wirbeltiere, die fliegen konnten.

Yaleosaurus

Protorosaurus

Trilophosaurus

Unter den vielen Echsen, die hier die mannigfaltigsten Formen und Größen herausbildeten, war eine der merkwürdigsten die Giraffenhalsechse *(Tanystropheus longobardiäus).* Ihr Körper hatte die Proportionen einer normalen Echse, aber ihr enormer Giraffenhals konnte eine Länge von 3 m erreichen. Die einzelnen Knochen oder Wirbel ihres absonderlichen Halses waren länger als bei jedem anderen Tier, in einigen Fällen gar 32 cm lang (aber nur 1,5 cm stark). Als man zuerst diese Knochen entdeckte, brachte sie niemand mit *Tanystropheus* in Zusammenhang, von dem man nämlich früher nur den Rumpf ohne Kopf und Hals gefunden hatte. Erst viele Jahre später stieß man auf ein vollständiges Skelett, dessen langer Hals um den Körper geschlungen war. Es ist schwer zu erkennen, wozu dieser abenteuerliche Riesenhals gedient haben mochte. Vielleicht war er der Giraffenhalsechse beim Fischen von Nutzen. Gewiß aber bildete er eine schwache Stelle und bot beutegierigen großen Raubsauriern eine fatale Angriffsfläche. Der schwäbische Paläontologe Rupert Wild meint, daß der überlange Hals bei *Tanystropheus* und anderen Sauriern die Blutzufuhr zum Gehirn verkümmern ließ und so zum Aussterben dieser Tiere beitrug.

Aber es lebten auch andere, weniger ungewöhnliche Echsen am Ufer. *Macrocnemus* hatte viele scharfe Zähne; er verzehrte Aas und erlegte junge Nothosaurier. *Askeptosaurus*, der sich aus *Macrocnemus* entwickelte, wurde zum Fischesser und jagte auf dem Meer nach Beute. Er war im Grunde die erste richtige Seeschlange. Sein Schwanz wuchs sich zu einem langen Schwimmorgan aus.

Es kann auf dieser ehemaligen Insel auch segelnde Echsen gegeben haben, doch dafür liegen noch kaum Beweise vor. In einer Höhle in Gliny bei Radomysl (Polen) wurde ein einziger Halsknochen gefunden, der genau wie einer des Gleiters *Kuehneosaurus* aussieht. Kürzlich wurde Neues über den ersten *Pterosaurier* (Flugreptil) aus dem triassischen Gestein der Tethys-Nordufer bekannt. Kliffe und Felswände machten diese Küste zu einem idealen Ort

Gliny, östlich von Krakau in Polen, war vor 210 Millionen Jahren eine von vielen Inseln, umgeben von Flachwasser – ein idealer Lebensraum für zahllose Tiere.

Tanystropheus

Ticinosuchus

Nothosaurus

Macronemus

für Gleitflugreptilien, und obwohl die allerersten „Flieger" wahrscheinlich in der frühen Triaszeit im Hochland von Baumwipfeln aus als Fallschirmgleiter gestartet sind, könnte dies die Gegend sein, wo die ersten Echsen zu fliegen versuchten.

Die Höhlensedimente von Gliny sind die ältesten, die wir kennen, und da sie eine Fülle von Kleintieren bergen, denen man anderswo noch nicht begegnet ist, kommt ihnen besondere Bedeutung zu. Seit vielen Jahren untersucht man diese Fossilienfunde. Das ist eine sehr langwierige Arbeit, weil es sich um lauter einzelne Knochen handelt – es gibt dort kein einziges komplettes Skelett. Für jedes Tier sind da viele Rückenknochen verschiedener Form und Größe von Kopf bis Schwanz, verschiedene Schädelknochen, Schulter- und Beckengürtel-Knochen sowie schließlich die ganzen Vorder- und Hinterbeinknochen zu bestimmen. Sie alle liegen, von den verschiedensten Tieren stammend, bunt durcheinandergewürfelt. Wie um die Sache noch weiter zu erschweren, gehören manche Knochen zu Reptilien, die man nie zuvor gefunden hat. Einige Tiere sind an unverwechselbaren Merkmalen leicht zu erkennen, zum Beispiel die Giraffenhalsechse an ihren merkwürdigen Halswirbeln. Immerhin hat man bislang genügend Tiere identifiziert, um sich die Arten und ihre Umweltbedingungen ziemlich gut vorstellen zu können; aber noch bleibt dort viel zu entdecken.

Pterosaurus

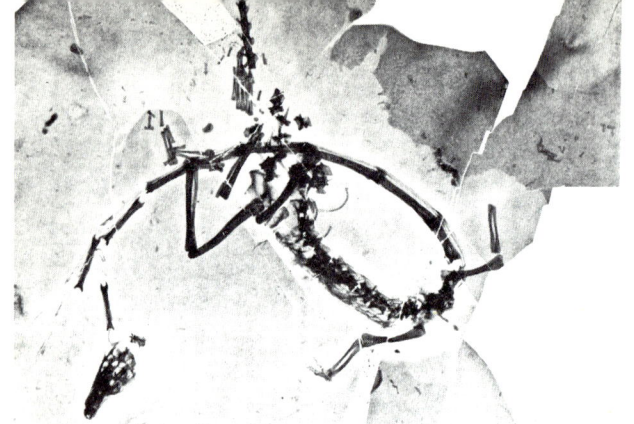

Eine Röntgenaufnahme des Skeletts von *Tanystropheus* zeigt den enorm verlängerten Hals mit seinem normal proportionierten Kopf und Körper.

Unten: Fossiles Skelett eines Nothosauriers mit Jungen. Das Gestein, das es barg, war zuerst Meeresboden, der durch Erdbewegungen gehoben wurde.

MEERESREPTILIEN DER TRIASZEIT

Die Triaszeit brachte neben dem Aufstieg der Dinosaurier noch zwei weitere wichtige Ereignisse – Reptilien kehrten ins Meer als Lebensraum zurück, und sie begannen zu fliegen. Schwimmende und fliegende Reptilien waren keine Dinosaurier, aber ebenso wichtig wie sie.

Die verbreitetsten marinen Reptilien waren die Bastard- oder Nothosaurier, Paddelechsen, die sich später zu Schwanenhalsechsen entwickelten. Man findet sie überall in dem einstigen Flachseegebiet der Ebenen Europas, in England, Frankreich, Holland, Deutschland, Polen und in der Schweiz. Die besten Skelette wurden im Tessin ausgegraben. Folgt man der Nordküste der Tethys bis nach China und Japan, stößt man auch dort auf Nothosaurier. An den Südküsten sind sie in Tunesien, Israel und Indien zu finden.

Die Nothosaurier hatten erst begonnen, sich dem Leben im Wasser anzupassen. Sie wurden bis 6 m lang, hatten einen langen Hals und einen langen Schwanz, der wahr-

Askeptosaurus

Nothosaurus

Mixosaurus
(Ichthyosaurier)

scheinlich eine Flosse besaß. An den Beinen, mit denen sie an Land laufen konnten, hatten sie Schwimmfüße. Ihr Schädel war lang, und sie hatten große, spitze Zähne, aus denen sich ein gefangener Beutefisch nicht mehr befreien konnte. Daß sie einen Teil ihres Lebens noch auf dem Land verbrachten, zeigen die vielen Funde von Jungtieren an den Ufern und in den Höhlen; die meiste Zeit aber hielten sie sich fischend im Wasser auf.

Eine Reptilgruppe erschien in der Triaszeit, deren Ursprung noch ungewiß ist – die der *Ichthyosaurier* oder Fischechsen. Sie wurden bis 15 m groß. Die älteste der gefundenen Fischechsen, *Mixosaurus*, mag sich von landbewohnenden Reptilien herleiten, war aber schon in der Triaszeit nicht mehr fähig, das Wasser zu verlassen. *Mixosaurus* schwamm mit Hilfe seines Schwanzes; er hatte eine Schwanzflosse wie ein Fisch, dazu mitten auf dem Rücken eine weitere Flosse. Seine Gliedmaßen hatten sich zu Ruderblättern wie beim Delphin umgebildet. *Mixosaurus* vermehrte sich lebendgebärend.

Die dritte marine Reptilgruppe waren die *Placodontia* (Pflasterzahnsaurier), die man überall an den Westküsten des Tethysmeeres von Israel bis Tunesien und von Deutschland bis in die Schweiz hinein gefunden hat. Ein vollständiges Skelett wurde 1902 am Plattensee in Ungarn gefunden. Ohne mit irgendeiner anderen Reptilgruppe verwandt zu sein, erinnern die *Placodontia* mit ihrem schweren, verknöcherten Hautpanzer äußerlich an langschwänzige Schildkröten. Bei den älteren *Placodontia* (Gattung *Placodus*) ist jedoch nur der Panzer an der Oberseite gut entwickelt; am Ende der Trias hatten die Pflasterzahnsaurier dann auch einen Panzer an der Unterseite.

Zu Beginn der Jurazeit starben die *Placodontia* aus. Ihren Platz im Ozean übernahmen die Knochenfische, also diejenige Gruppe, aus der sich 150 Millionen Jahre früher die allerersten Amphibien entwickelt hatten. Diese Knochenfische bildeten jetzt kräftige Kiefer und Gebisse heraus und wußten sich im Meer weit besser zu behaupten als die *Placodontia,* die zum Luftholen auftauchen und das Wasser verlassen mußten, um ihre Eier zu legen.

Während sich die Dinosaurier auf dem Festland entfalteten, kehrten andere Reptilien ins Meer zurück. Die verbreitetsten Meeresreptilien der Triaszeit waren die Nothosaurier. Fischsaurier (Ichthyosaurier) wie *Mixosaurus* wurden dann in der Jurazeit vorherrschend. Die Pflasterzahnsaurier (Placodontia) wie *Placodus* und *Placochelys* starben am Ende der Trias aus. *Askeptosaurus* erinnert mit seinem langen Schwanz schon an eine Seeschlange.

Placochelys (Placodont)

Placodus (Placodont)

FLIEGENDE REPTILIEN UND FALLSCHIRMSAURIER

Zu Beginn der Triaszeit glitten die ersten „fliegenden" Reptilien durch die Luft. Diese frühen Flieger scheinen kleine Insektenesser gewesen zu sein; sie sind wohl aus demselben Stamm hervorgegangen wie die Dinosaurier. Manche von ihnen lebten an den Süßwasserflüssen und -seen, während andere auf dem Lande beheimatet blieben und sich vor den herrschenden säugetierähnlichen Reptilien in Baumwipfel flüchteten.

Vor wenigen Jahren wurden bei Osch in der Kirgisischen Sowjetrepublik an der Nordseite des Himalaja zwei bemerkenswerte Fallschirm-Reptilien entdeckt. Ihnen gebührt besonderes Interesse, weil ihre Schuppen und ihre Haut in den feinsten Einzelheiten erhalten sind und weil sie wichtiges Anschauungsmaterial dafür liefern, wie die beiden Hauptgruppen der aktiv fliegenden Wirbeltiere, die Vögel und die Flugsaurier (Pterosaurier), entstanden sein können. Die anderen fliegenden Wirbeltiere der Triaszeit, die Gleitechsen oder *Kuehneosaurier*, schwebten passiv, wie am Fallschirm durch die Luft und entwickelten sich nie zu aktiven Fliegern.

Die Namen der beiden Reptilien lauten *Longisquama insignis* („Bemerkenswerte Langschuppe") und *Podopteryx mirabilis* („Wunderbarer Fußflügel"). Die Bedeutung von *Longisquama* beruht vor allem auf den Schuppen, da sie die erste Stufe in der Entwicklung der Federn darstellen. Die Anfänge des Vogelflügels sind an der Hinterkante der vorderen Gliedmaßen zu sehen. Auf dem Rücken hatten die Tiere eine Reihe enormer Schuppen, die wie ein Fallschirm funktionierten und in Ruhestellung einen furchterregenden Kamm bildeten. In mehrfacher Hinsicht erscheint *Longisquama* als ein idealer Vorfahr der Vögel; er war aber nur ein sehr guter Gleiter und entwickelte keine Flügelschlagtechnik.

Podopteryx war der Ahn der Pterosaurier, der ersten Flugsaurier, die mit echtem Flügelschlag flogen. *Podopteryx* selbst rechnet noch zu den Gleitern. Die Flughaut – der Fallschirm – bestand aus Häuten, die zwischen Schwanz und Hinterbeinen gespannt waren, sowie aus einer weiteren Flughaut an beiden Körperseiten, die jedes Hinterbeinknie mit dem Ellenbogen des Vorderarms verband.

Die Flughaut war elastisch und wurde im wesentlichen mit den Hinterbeinen bedient. Im Laufe der Entwicklung vergrößerte sich bei den Pterosauriern die vordere Flughaut bis zum Hinterbeinknöchel und wuchs an dem jetzt enorm verlängerten vierten Finger der Vorderhand fest. Um diese Zeit waren die Pterosaurier zu aktiven, kraftvollen Fliegern geworden, die Aufschwung und Vorwärtsflug nicht mehr mit der hinteren, sondern mit der vorderen Flughaut ausführten. Wenn sie ihre großen, lederartigen Flügel langsam auf und nieder bewegten, müssen sie wie die heutigen Flederhunde ausgesehen haben und

Während der Triaszeit entwickelten sich die Flugsaurier. Oben: Die Beine von *Sordes pilosus* waren dicht behaart. Unten: Skelett des 22 cm großen *Pterodactylus*.

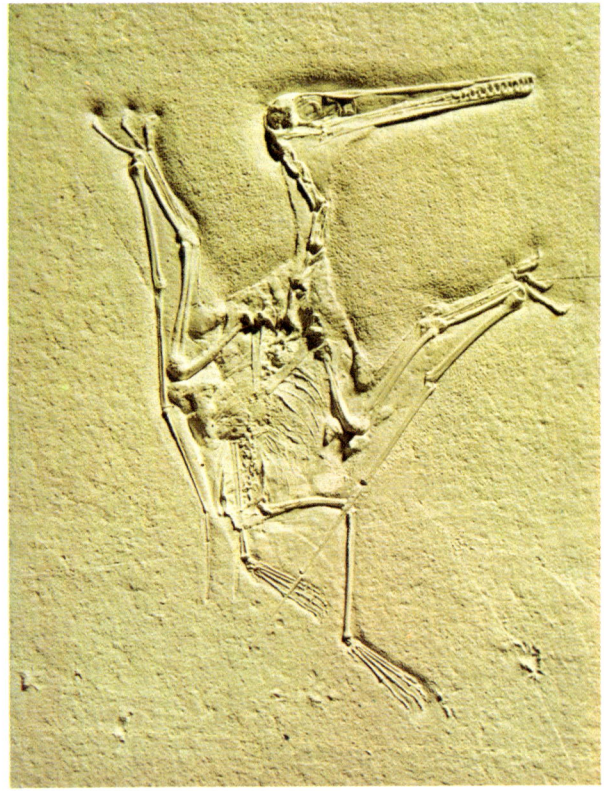

Podopteryx mirabilis

Longisquama insignis

Zu Beginn der Trias segelten einige Archosaurierarten durch die Luft. *Podopteryx* entwickelte eine fallschirmartige Flughaut. Vermutlich stammen von ihr die echten Flugsaurier (Seite 48 oben). Bei *Longisquama* hatten sich Rückenschuppen zu gewaltiger Länge ausgewachsen – aus solchen Schuppen haben sich später bei den Vögeln Federn entwickelt.

Unten: So flog ein Pterosaurier. Im Pinzip kaum anders als ein Vogel, doch waren die Hinterbeine noch am Flügelschlag beteiligt. Beim Abwärtsschlag, der ihn in die Luft hob, spreizte er Arme und Beine; so war die Tragfläche am größten. Zur Aufwärtsbewegung wurden die Flügel zusammengefaltet; das verringerte den Luftwiderstand.

Pterodactylus

nach den Worten von Alice im Wunderland „wie ein Teetablett am Himmel" geflogen sein.

Das erste vollständige Pterosaurierskelett wurde in Südengland gefunden. Es ist 190 Millionen Jahre alt und stammt aus dem Lias, der ersten Epoche der Jurazeit. Aus der gleichen Zeit stammen die Fossilien aus den berühmten Fundorten Solnhofen in Franken und Holzmaden in Württemberg. Man kennt aber auch Teile von Flugsaurierfossilien aus früheren Gesteinen. Das erste Skelett, *Dimorphodon,* hat einen großen Kopf und einen langen Knochenschwanz. 1971 wurde unweit Tschimkent in der Kasachischen Sowjetrepublik nicht nur ein Skelett, sondern ein ganzer Pterosaurier gefunden, der aus dem Malm stammt, der letzten Epoche der Jurazeit. Dieser sogenannte *Sordes pilosus* klärte für die Wissenschaft viele offene, verwirrende Fragen.

Die Flughaut war vollständig erhalten, so daß man erkennen konnte, daß die Haut zwischen den Hinterbeinen nicht mehr am Schwanz festsaß. Aber das Sensationellste an *Sordes pilosus* ist seine starke Behaarung. Das Haarkleid war an den Schenkeln am dichtesten; es setzte sich die Beine hinab bis zu den Knöcheln fort, und sogar an der Unterseite der Flughaut zwischen Knie und Ellbogen und an der Schwanzmembran sowie an der Innenseite des Ellbogens wurde Haar entdeckt. Der Körper selbst trug einen dicken Pelz, der in dem Gestein erstaunlich gut erhalten geblieben ist.

Auf Grund dieser Entdeckung können wir jetzt mit Bestimmtheit sagen, daß die Pterosaurier keine Reptilien waren, wie jedermann vermutet hatte. Sie waren warmblütige, behaarte Flieger und gehörten zu einer völlig anderen Wirbeltiergruppe. Heute sind sie verschwunden, doch zu ihrer Zeit waren sie den Vögeln ebenbürtig.

Indem sich die Pterosaurier weiter veränderten, wurden sie zu immer geschickteren Fliegern. Sie büßten Zähne und Schwanz ein. Ein langer, steifer Schwanz ist zwar für ein einfaches Gleiten brauchbar, aber beim richtigen Fliegen erschwert er das Manövrieren in der Luft und bedeutet zusätzliches Gewicht. Pterosaurierskelette zeigen uns, daß viele verschiedene Arten entstanden. Manche waren Langstreckengleiter mit langen, schmalen Flügeln, die ähnlich arbeiteten wie beim heutigen Albatros; andere hatten kürzere, breitere Flügel und konnten rasch und aktiv fliegen. Die Pterosaurier hatten ähnliche Augen, ein Gehirn und lufthaltige Knochen wie die modernen Vögel. Mit diesen sind sie aber nicht unmittelbar verwandt: Die Vögel stammen nicht von den Pterosauriern ab, sondern entwickelten sich aus einer anderen Reptiliengruppe.

Die Jurazeit — vor 190 bis 136 Millionen Jahren

In dieser Periode gab es auf der Erde weniger große Umwälzungen als zu anderen erdgeschichtlichen Zeiten. Das Klima war feuchter und wärmer, so daß sich Nadelbäume und Palmfarne weiter ausbreiteten und auch Ginkgobäume große Wälder bildeten. Im übrigen unterschied sich das Pflanzenleben nicht grundlegend von dem der Trias. An Flußufern gediehen üppige Farne und Schachtelhalme.

Wenn wir uns auch die Jurazeit als eine wandlungsarme Epoche zu denken haben, eines ist festzuhalten: Damals begann der Zerfall des Superkontinents *Pangaea* in unsere heutigen Erdteile. Das wiederum hatte zur Folge, daß sich auf den dann getrennten, einzelnen Landmassen die Tiere verschieden weiterentwickelten.

In der Jurazeit hatten sich zahllose Arten von Reptilien entwickelt. Etliche dieser Gruppen beherrschen in den nächsten einhundert Millionen Jahren die Erde; viele andere konnten sich nicht durchsetzen und verschwanden wieder von der Bildfläche. In den Meeren erloschen die molluskenessenden Pflasterzahnsaurier (*Placodontia*), die fischessenden Bastard- oder Nothosaurier, die so weit verbreitet gewesen waren, und die Echse *Askeptosaurus*. Auf dem Land verschwanden die Großschnabelechsen (*Rhynchosaurier*) und in den Süßwasserflüssen und -seen viele der pflanzenessenden Reptilien samt den krokodilähnlichen *Parasuchia* (Phytosaurier). Die gepanzerten Amphibien, die in der Triaszeit so häufigen Tiere, gingen vollständig unter, und Gleiter wie *Kuehneosaurus*, *Longisquama* und *Podopteryx* segelten nicht mehr von den Bäumen herab.

Neue, leistungsfähigere – lebenstüchtigere – Tiere nahmen die frei gewordenen Plätze ein. Im Meer entfalteten sich Haie und Rochen. Die Knochenfische bekamen Kiefer und Zähne für ihre Schalentierkost. Die delphinähnlichen Ichthyosaurier (Fischsaurier), deren Entwicklung gegen Ende der Triaszeit begonnen hatte, wurden sehr erfolgreich und verdrängten die Nothosaurier. Schwanenhalsechsen (Plesiosaurier), Verwandte der ausgestorbenen Nothosaurier, errangen ebenfalls einen bedeutenden Platz im Meer. Gegen Ende der Jurazeit kehrten auch die Krokodile, die die Scheinkrokodile als die wichtigsten halbaquatischen Fleischesser abgelöst hatten, ins Meer zurück.

Auf dem Land waren die Dinosaurier eindeutig die Überlegenen. Am oberen Ende der Nahrungskette standen die *Theropoden* (Raubtierfuß-Dinosaurier), große und kleine Fleischesser aus der Ordnung *Saurischia* (Echsenbecken-Dinosaurier). Sie jagten die großen pflanzenessenden *Sauropoden* (Elefantenfuß-Dinosaurier), die andere Familiengruppe der Echsenbecken-Dinosaurier, die in den sumpfigen Niederungen lebten.

In der ganzen Jurazeit waren die Echsenbecken-Dinosaurier vorherrschend. Die Vogelbecken-Dinosaurier, die am Ende der Trias mit dem leichtgebauten *Fabrosaurus* aufgetreten waren, spielten in der Jurazeit noch keine große Rolle. Immerhin entwickelten sich in dieser Periode der große Vogelbecken-Dinosaurier *Camptosaurus* und ein paar gepanzerte Vertreter der Gruppe. Sie waren die Vorboten der unerhörten Artenfülle in der folgenden Kreidezeit.

Dinosaurier auf dem Lande und in den Sümpfen, Fischsaurier und Schwanenhalsechsen in den Meeren sowie Flugsaurier in den Lüften bestimmten das jurazeitliche Leben. Aber das war nicht alles. Gegen Ende dieses Abschnitts, vor 140 Millionen Jahren, erschien mit der *Archaeopteryx* der erste Vogel. Die Schildkröten setzten sich durch. Die kleinen Echsen, deren versteinerte Fingerspitzenabdrücke überall in den triassischen Niederungen gefunden werden, veränderten sich nicht; andere Echsengruppen wandelten sich entscheidend. Noch ehe vor vielen Jahrmillionen die Jurazeit endete, waren die meisten modernen Echsen – Leguane, Gekkos, Glattechsen, Eidechsen und selbst die fußlosen Blindschleichen – lebenskräftig vorhanden.

Schließlich entwickelten sich mehrere neue Säugergruppen, einige kleine, nagetierähnliche Pflanzenesser und verschiedene Gruppen von Insektenessern.

Vögel, Eidechsen und Säuger waren unbedeutende Tiere im Vergleich zu den Großreptilien der Jurazeit, aber rückschauend müssen wir in ihrem Aufkommen wahrscheinlich das wichtigste Geschehen im Zeitalter der Dinosaurier erblicken.

Links: Das Klima wurde in der frühen Jurazeit feuchter, die Vegetation gedieh üppig. Koniferen und Palmfarne entwickelten viele verschiedene Arten. Feuchte Gebiete waren dicht mit Schachtelhalmen und vielen Arten von Farnen bewachsen.

Während der Jurazeit brach der Riesenkontinent Pangaea auseinander. Laurasia und Gondwanaland wurden durch einen Meeresarm getrennt. Afrika und Südamerika blieben noch zusammen, doch Australien und Antarktika drifteten südwärts, Indien aber nordwärts auf Asien zu. Ein Meeresarm trennte auch Europa von Asien.

FLEISCHESSENDE DINOSAURIER DER JURAZEIT

Alle großen, fleischessenden Dinosaurier dieser Periode stammten von dem triassischen Dinosaurier *Ornithosuchus* ab. In der Jurazeit entwickelten sich viele riesige, pflanzenessende Dinosaurier; aber die fleischessenden mit entsprechender Größe konnten es mit ihnen allen aufnehmen.

Der erste je gefundene Dinosaurierknochen gehörte zu *Megalosaurus* („Riesenechse"); er wurde im Jahre 1677 von Dr. Robert Plot in seinem Buch „The Natural History of Oxfordshire" beschrieben. Niemand wußte das Ding einzuordnen, und Dr. Plot mutmaßte, es sei von einem riesigen Menschen übriggeblieben. Über hundert Jahre später, 1822 nämlich, veröffentlichte James Parkinson die Abbildung eines großen Zahnes, der zu dem gleichen Tier gehörte, welches er nun *Megalosaurus* nannte. Dieser gewaltige, bis 9 m lange Pflanzenesser war tatsächlich eine Großausgabe seines Vorfahren *Ornithosuchus*. Auf massigen, muskulösen Hinterbeinen stapfte er beutesuchend umher. Seine kürzeren Vorderbeine hatten drei starke Finger mit Klauen.

Zu den größten Fleischessern überhaupt gehörte *Allosaurus*. Er war ungefähr so lang wie ein Omnibus (11 m). Seine dreizehigen Füße endeten in schrecklichen Klauen. Mit ihnen tötete er seine Beute, der er dann mit den Händen und seinen scharfen Blattzähnen die Fleischstücke aus dem Leibe riß. Da er zwei Tonnen wog, kann er sich gewiß nicht so schnell bewegt haben wie mancher kleine Pflanzenesser. Die meisten der wichtigen pflanzenessenden Dinosaurier waren damals jedoch noch schwerer als *Allosaurus*. Manche erreichten das Vierzigfache seines Gewichts! Damit konnten sie ihm kaum entkommen. *Allosaurus* war ein reger Jäger; man hat Fußabdrücke gefunden, aus denen zu ersehen ist, daß er mit Zweimeter-Schritten Beutetiere verfolgte.

Ein naher Verwandter, *Ceratosaurus,* war nur halb so groß wie *Allosaurus*. Gleich ihm hatte er unmittelbar über den Augen Knochenverdickungen, die ihn beim Kampf mit der Beute oder mit anderen Fleischessern schützten, sowie einen Knochenstachel auf der Schnauzenspitze („Nasenhorn"). *Ceratosaurus* und *Allosaurus* waren in ihrem Körperbau phantastisch ausgewogen; beugten sie sich über einen erlegten Pflanzenesser, hielten sie sich mit ihrem langen, steifen, muskulösen Schwanz hervorragend im Gleichgewicht. *Allosaurus* wird andere hungrige Dinosaurier mit peitschenden Schweifhieben vertrieben haben und nach der Mahlzeit zu einem Verdauungsschläfchen davongewatschelt sein. Selbst ein so großer Fleischesser hat wahrscheinlich nicht neben dem Kadaver geschlummert, weil er dann sicher bald von anderen Dinosauriern angefallen worden wäre.

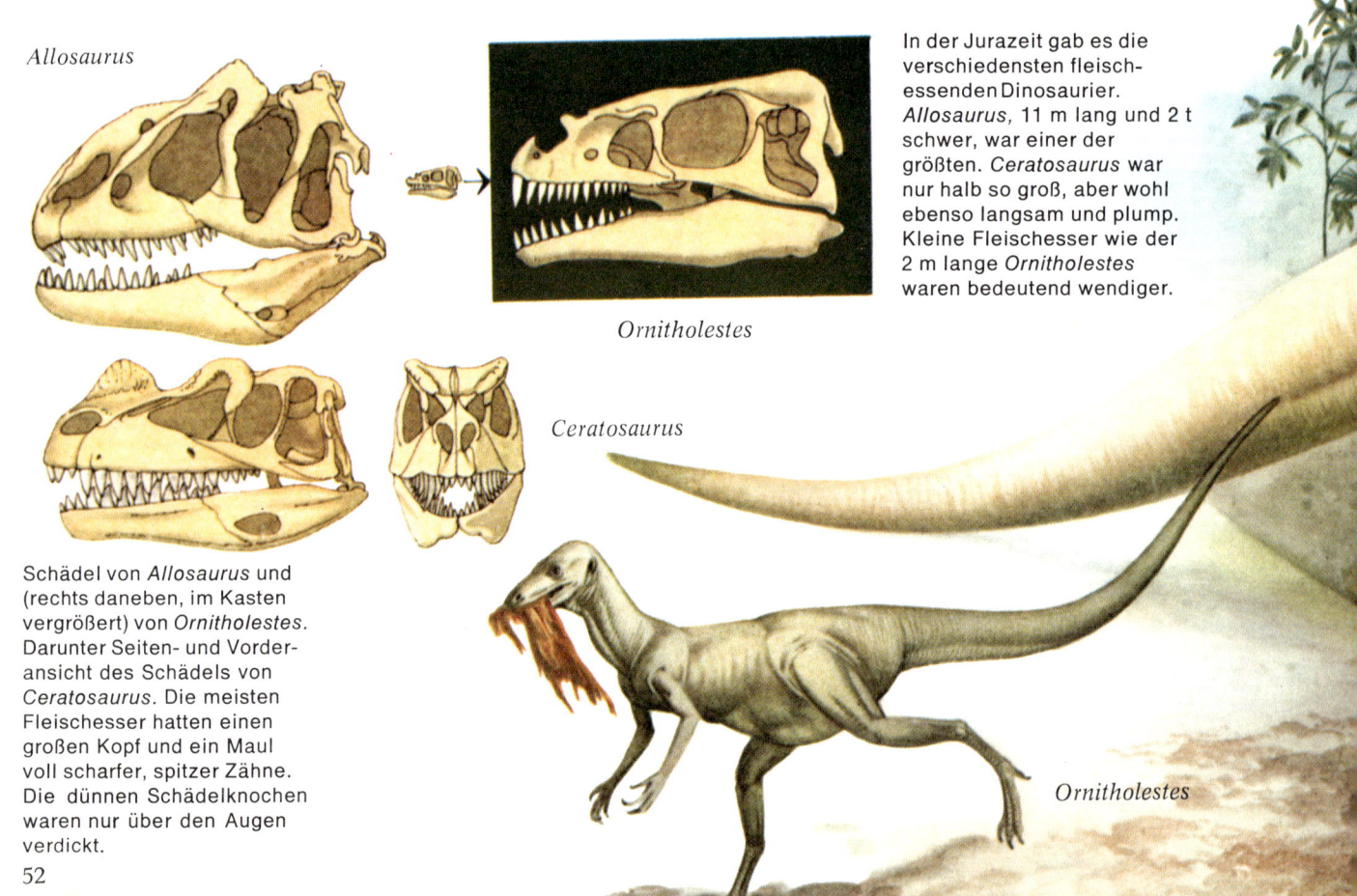

Allosaurus

Ornitholestes

Ceratosaurus

Ornitholestes

Schädel von *Allosaurus* und (rechts daneben, im Kasten vergrößert) von *Ornitholestes*. Darunter Seiten- und Vorderansicht des Schädels von *Ceratosaurus*. Die meisten Fleischesser hatten einen großen Kopf und ein Maul voll scharfer, spitzer Zähne. Die dünnen Schädelknochen waren nur über den Augen verdickt.

In der Jurazeit gab es die verschiedensten fleischessenden Dinosaurier. *Allosaurus,* 11 m lang und 2 t schwer, war einer der größten. *Ceratosaurus* war nur halb so groß, aber wohl ebenso langsam und plump. Kleine Fleischesser wie der 2 m lange *Ornitholestes* waren bedeutend wendiger.

Während seiner Mahlzeit werden zahlreiche kleine Dinosaurier von nur 2 m Länge herbeigekommen sein und sich rasch ein paar leckere Bissen geschnappt haben. Ein solcher Dinosaurier war *Ornitholestes,* mit langen, dünnen Beinen und einem sehr steifen Langschwanz. Er hatte lange, schlanke Finger, die geschickt zupacken konnten. *Ornitholestes* stammte von den leichtgebauten triassischen Coelurosauriern ab und machte wie sie Jagd auf Kleinreptilien und die Jungen der größeren Dinosaurier. Er riß jedes Säugetier und auch einen gelandeten Flugsaurier, wenn er ihn zufällig im Unterholz aufstöberte.

Die großen Fleischesser waren nicht wendig genug für Raubzüge in dem Gestrüpp, wo kleinere Tiere eine sichere Zuflucht fanden. Die kleinen Coelurosaurier aber waren geschmeidig genug und waren daher in den dichter bewaldeten Gegenden die erfolgreichsten Beutejäger. Auch bewährten sie sich als Abfallbeseitiger, indem sie die genießbaren Überreste der Großtier-Mahlzeiten vertilgten, wie es heute Hyäne und Schakal tun, wenn der Löwe sich an seinem Riß gesättigt hat.

Der kleinste der bislang gefundenen Dinosaurier, *Compsognathus,* war ein naher Verwandter von *Ornitholestes,* wiewohl er mit seinen 30 cm Länge nur ein Fünftel von dessen Größe erreichte. Kaum größer als ein Huhn, kann dieser winzige Fleischesser für andere Dinosaurier keine Bedrohung gewesen sein, außer daß er sich vielleicht über ihre frischgeschlüpften Jungen hergemacht hat. In der Hauptsache wird er sich von Säugern, kleinen Echsen und Flugsauriern sowie von Insekten ernährt haben. Zu den Hauptproblemen eines solchen Zwergsauriers gehörte der Umstand, daß die meisten Tiere, die er jagte, sich auf Bäume hinaufflüchten konnten. Dann führte für ihn nur ein sicherer Weg zur Mahlzeit – er mußte ihnen nachklettern. Und genau das hat *Compsognathus* höchstwahrscheinlich getan. Diese Entwicklung sollte sehr wichtige Folgen haben.

DER ERSTE VOGEL

Die kleinen fleischessenden Coelurosaurier (Hohlknochensaurier), wie *Compsognathus*, waren zu ihren Lebzeiten unter den vielen Riesenformen recht unscheinbar; doch leiten sich von ihnen einige der erfolgreichsten Wirbeltiergruppen her, nämlich die Vögel.

Die wohl berühmtesten Fossilien, die man je ausgrub, sind die des Urvogels *Archaeopteryx* („Uraltfeder"). Man kann sich das Tier als einen winzigen Dinosaurier mit einem Federkleid anstelle von Schuppen vorstellen. Wäre er ohne Federabdrücke aufgefunden worden, so hätte man ihn einfach als eine Dinosaurier-Sonderform eingestuft, die den Vorteil besaß, daß sie dank ihrer nach hinten gestellten ersten Zehe gut auf Baumästen sitzen konnte. *Archaeopteryx* hatte Zähne wie ein kleiner Dinosaurier und einen langen, knöchernen Schwanz. Die Hände hatten nur noch drei lange Finger mit scharfen Klauen, was auch wieder an einen Coelurosaurier erinnert. Von der nach hinten gerichteten Zehe abgesehen war das einzige vogelähnliche Skelettmerkmal das Schambein des Beckengürtels; denn es stand wie bei den Vögeln nach hinten, nicht nach vorn wie bei den Coelurosauriern. Nur seine Federn bewiesen, daß der Urvogel *Archaeopteryx* ein echter Vogel war und nicht irgendein neuer, fleischessender Vogelbecken-Dinosaurier.

Archaeopteryx hatte an den Vordergliedern fast die gleiche Anzahl Federn wie moderne Vögel an den Flügeln: 9 Hand- und 14 Armschwingen. Deswegen wird *Archaeopteryx* nach allgemeiner Übereinkunft als Ahn aller Vögel betrachtet. Auch sind sich die meisten Wissenschaftler inzwischen einig, daß *Archaeopteryx* ein direkter Nachkomme der Coelurosaurier ist. Offen bleiben zwei wichtige Fragen. Warum konnte *Archaeopteryx*, die trotz ihrer Federn längst nicht so gut flog wie die Flugsaurier, so erfolgreich überleben, und warum ging das Tier zum Luftleben über?

Auf diese beiden miteinander verknüpften Fragen gibt es zwei mögliche Antworten. Erstens konnte der Vorfahr der *Archaeopteryx*, der als Bodenbewohner federartige Schuppen entwickelt hatte, seine Beutetiere besser überwältigen, indem er sich mit einem Federschirm abdeckte, wie es der Sekretär *(Sagittarius serpentarius)* heute tut. Auch halfen ihm die federähnlichen Schuppen, beim Laufen längere Sprünge zu machen, bis ihn schließlich ein Satz in die Luft hob.

Die zweite, weithin akzeptierte Theorie besagt, daß *Archaeopteryx* auf Bäume kletterte und sich in der Art des frühen Gleiters *Longisquama* mit Hilfe ihrer Federn wie am Fallschirm zu Boden schweben ließ. Die *Archaeopteryx* war ein sehr aktives Tier und lebte in dicht bewaldeten Gegenden. Der Nutzen ihrer Federn bestand anfangs vor allem darin, daß sie isolierend wirkten und das Tier in den Stand setzten, seine Körpertemperatur hochzuhalten, wodurch es auch bei sinkenden Außentemperaturen regsam bleiben und jagen konnte.

Obgleich *Archaeopteryx* befiederte Flügel wie ein heutiger Vogel besaß, war sie doch kein tüchtiger Flieger. Die modernen Vögel haben eine starke Brustmuskulatur und zwischen den Knochen Lufträume, die sie leichter machen. *Archaeopteryx* fehlten diese großen Muskeln, aber ihre Knochen waren hohl und lufthaltig und darum sehr leicht. Sie konnte von Bäumen herabsegeln und dabei den Gleitflug durch Flügelschlag unterstützen; sie konnte sogar ein wenig kurven und wenden – aber das war auch alles. Der lange, knöcherne Schwanz war beim Gleiten

Compsognathus, war nur 30 cm lang. Er war ein Hohlknochen-Dinosaurier, einer der schnellen, zweibeinig laufenden Jäger, die von *Coelophysis* abstammten. Der erste Vogel, *Archaeopteryx*, entwickelte sich während der Jurazeit aus solchen kleinen Dinosauriern. Ihre Skelette sind sehr ähnlich, unterscheiden sich jedoch im Becken und in den verlängerten Vordergliedmaßen der *Archaeopteryx*, die zu Flügeln wurden.

Compsognathus

Bei der *Archaeopteryx* war die erste Zehe nach hinten gestellt. Wenn sie mit zusammengelegten Flügeln auf einem Ast saß, griff diese Zehe wie ein Daumen herum, und der Vogel konnte sich gut festhalten. Die Krallen an den Flügeln halfen *Archaeopteryx,* wenn sie mit gespreiztem Gefieder am Baumstamm emporkletterte.

als automatischer Stabilisator nützlich, doch das zusätzliche Gewicht erschwerte Langflüge und verhinderte, daß *Archaeopteryx* sich aus eigener Kraft vom Boden abhob.

Um diese Zeit herrschten in den Lüften die warmblütigen, bedunten oder bepelzten Pterosaurier. Sie konnten ausgezeichnet fliegen, und darum scheint es sonderbar, daß ausgerechnet sie restlos von der Bildfläche verschwanden, während die Vögel sich durchsetzten. *Archaeopteryx* kann kein unmittelbarer Konkurrent der Pterosaurier gewesen sein. Sie hat nur überlebt, weil sie Gegenden bewohnte, die den Pterosauriern unzugänglich blieben: Die Dickicht-Umwelt, in welcher der Urvogel lebte, war den Flugsauriern zu gefährlich, denn wenn ihre zarten Flughäute zerrissen, waren sie verloren. Ganz anders dagegen die Vogelfedern: Sie teilten sich bei der Berührung mit einem Hindernis und wuchsen nach, wenn sie entzweigingen. So entwickelten sich die Vögel unbehelligt von Pterosauriern weiter fort, verloren allmählich ihre Zähne und Schwänze und bildeten richtige Luftkammern in den Knochen aus. Zu aktiven, kraftvollen Flügelschlag-Fliegern geworden, konnten sie dann von den Pterosauriern auch im freien Raum nicht mehr verdrängt werden.

Und die Vögel hatten einen weiteren Vorteil: Ein Vogel fühlt sich am Boden ebenso heimisch wie in der Luft. Er legt seine Flügel dicht an den Körper und kann dann genau wie ein winziger, zweibeiniger Dinosaurier umherlaufen. Ein Pterosaurier dagegen befand sich am Boden in einer sehr ungünstigen Lage. Er war langsam und unbeholfen. Seine Schwingen verhedderten sich in seinen Hinterbeinen. Er kroch mehr als er ging und bot damit Räubern ein auffälliges Angriffsziel. Die von der *Archaeopteryx* abstammenden Vögel aber behaupten sich am Boden mit dem gleichen Erfolg wie in der Luft.

Archaeopteryx

DIE GROSSEN SAUROPODEN DIPLODOCUS UND APATOSAURUS

Die äußerlich frappantesten Dinosaurier waren die *Sauropoden* (Elefantenfuß-Dinosaurier), gigantische Pflanzenesser, die sich gegen Ende der Triaszeit (vor 190 Millionen Jahren) herausbildeten. Am bekanntesten sind die Donnerechse *Diplodocus carnegi* und *Apatosaurus*, welch letzteren man früher auch *Brontosaurus* nannte.

Diplodocus maß vom Kopf bis zur Schwanzspitze bis 28 m und war damit eines der längsten Landtiere, die je gelebt haben. Die längsten Körperteile des 10 Tonnen schweren Ungetüms waren der peitschenähnliche 14-Meter-Schwanz und der Hals (8 m). In seinem winzigen Kopf steckte ein Gehirn so klein wie das eines Kätzchens. Sein schmaler Körper wurde von vier massigen Säulenbeinen getragen. Auf allen vieren stehend, mit ausgestrecktem Hals und Schwanz, war *Diplodocus* sechsmal so lang wie ein großes Rhinozeros.

Dabei hatte er ein sehr leichtes Rückgrat, denn jeder Knochen war hohl. Möglicherweise haben sich innerhalb der Knochen auch noch Luftsäcke befunden, so daß er noch leichter wurde. Der kleine Kopf wog sehr wenig. Trotz seiner leichten Rumpfknochen war *Diplodocus* ein ziemlicher Koloß, und um sein gewaltiges Gewicht tragen zu können, mußten seine Beine aus soliden Knochen bestehen, nicht aus Hohlzylindern wie bei anderen Wirbeltieren. An jedem Hinterfuß saßen fünf Zehen, die ersten drei mit Hornklauen bewehrt. Die äußeren zwei Zehen staken in einem riesigen, widerstandsfähigen Fußpolster ähnlich dem des Elefanten. Die Vorderfüße hatten nur eine einzige Klaue, und zwar am Daumen, die das Tier wie ein Haken vor dem Ausgleiten im Schlamm bewahrte und auch zum Festhalten des Weibchens bei der Paarung diente. Auf dem Lande liefen sie langsam und vorsichtig.

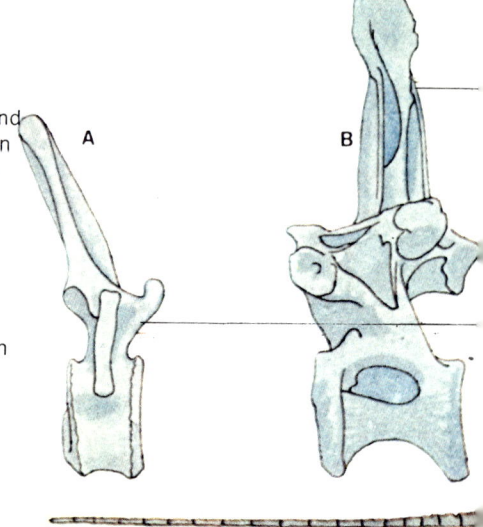

Der riesige Pflanzenesser *Diplodocus* war 28 m lang und wog 10 t. Seine Beinknochen waren massive Säulen, und auch der im Wasser nach unten hängende Schwanz hatte feste Wirbel (A); aber sein Rückgrat war teilweise hohl, mit starker Umwandung (B). Im Hals war diese Wandung jedoch dünn und leicht (C).

Wahrscheinlich wateten sie die meiste Zeit in den Sümpfen umher, wo sie ihre weiche Pflanzennahrung fanden.

Diplodocus war aber keineswegs der schwerste *Sauropode*. *Apatosaurus*, obgleich etwas kürzer (bis 25 m), wog über 30 Tonnen, also das Dreifache. Wir wissen, daß diese enormen Geschöpfe auf dem Land gehen konnten, denn sie kamen zur Eiablage ans Ufer. Aber auch sie lebten meist in Sümpfen. Das hohle Rückgrat gab dem Körper im Wasser zusätzlichen Auftrieb, und die schweren Beine sorgten dafür, daß sie mit den Füßen auf dem Boden blieben. Den Körper unter Wasser, atmeten sie durch ihre ganz vorn am Kopf befindlichen Nasenlöcher.

Wir kennen viele Fußabdrücke, die zeigen, daß die Tiere in Gruppen umherzogen, wobei die Erwachsenen an den Seiten gingen und die Jungen auf diese Weise beschützten,

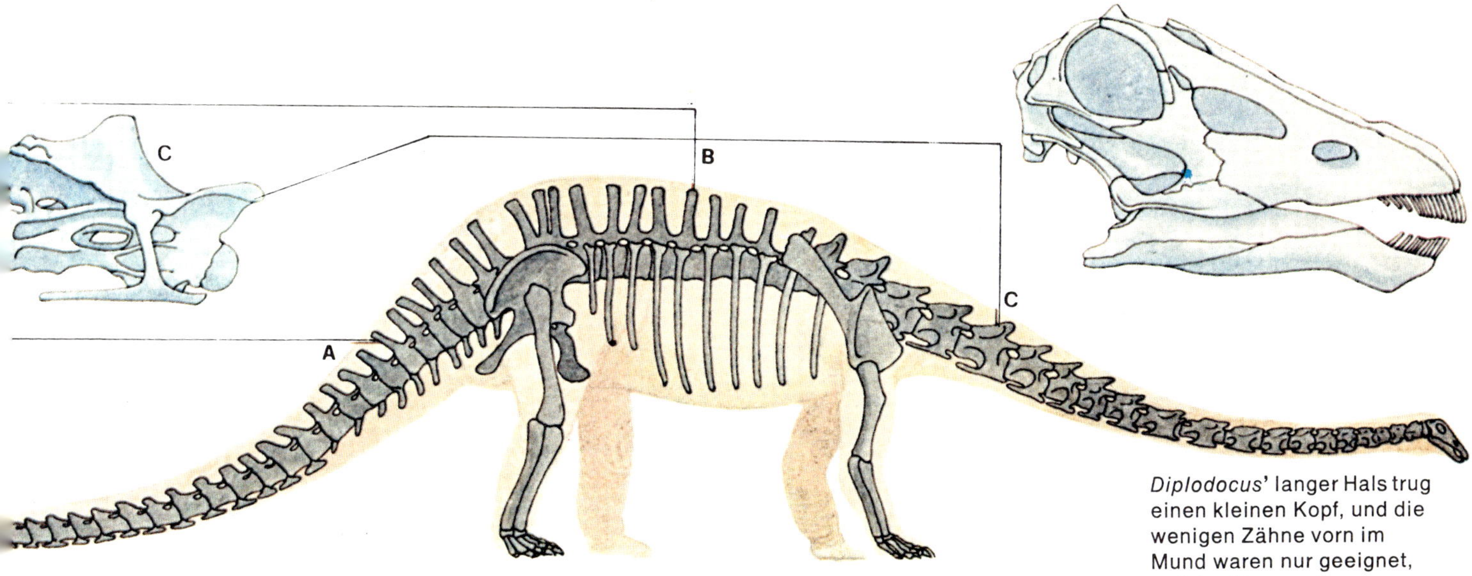

Diplodocus' langer Hals trug einen kleinen Kopf, und die wenigen Zähne vorn im Mund waren nur geeignet, weiche Wasserpflanzen zu rupfen.

Apatosaurus, auch *Brontosaurus* genannt, war 25 m lang, kürzer als *Diplodocus,* aber er wog dreimal soviel, nämlich 30 t. Die meiste Zeit verbrachte er im Wasser (unten). Vermutlich kam er nur zur Eiablage an Land.

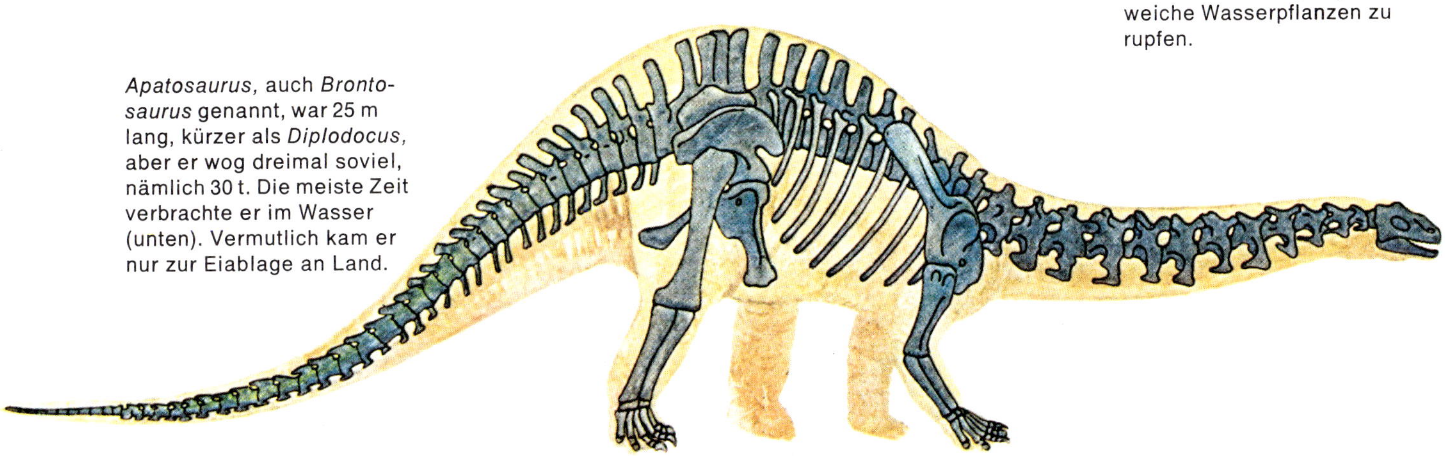

wie wir es bei Antilopen- oder Elefantenherden in unserer Zeit beobachten. Manchmal überquerte die Herde auch Sandboden, aber meist wateten die Tiere im Grundschlamm der Sümpfe. Wie Trittsiegel verraten, konnten sie auch etwas schwimmen und sich dabei mit den Hinterbeinen im Wasser vorwärtsstoßen, während die Spitze ihres langen Schwanzes wie ein Anker zu Boden hing.

Wenn sie sich so durch das nasse Element bewegten, setzten sie nur die Vorderbeine auf. So ähnlich machen es auch die Flußpferde heute in den Strömen Afrikas. Es gibt einen berühmten Satz Fußabdrücke, die allein von den Vorderbeinen getreten wurden und genau diese Fortbewegungsart beweisen. Nur wenn das Tier wendete, berührte gelegentlich ein Hinterfuß den Grund.

CAMARASAURUS UND BRACHIOSAURUS

Eine andere Sauropodengruppe hatte längere Vorder- als Hinterbeine. Auch diese Tiere gingen noch auf allen vieren, doch da ihre Schultern höher waren als ihr Becken, fiel ihr großer Rücken vom Hals zum Schwanz schräg ab, so daß sie wie überdimensionale Giraffen aussahen. In anderen Beziehungen glichen sie den übrigen *Sauropoden* – ihre Wirbelsäule war hohl und ihr außerordentlich zarter Schädel ganz oben mit einem großen Nasenloch versehen.

Der Vorfahr dieser Gruppe, *Camarasaurus*, war mit seinen 12 m Länge für einen *Sauropoden* ziemlich kurz. Man hat Skelette von Jungtieren gefunden, die zeigen, daß sie, wenn sie erst 5 m lang waren, vergleichsweise große Köpfe und kurze Hälse gehabt haben. Mit zunehmendem Alter veränderten sich diese Proportionen allmählich, bis schließlich am Ende des nunmehr langen, muskulösen Halses ein winziger Kopf saß.

Der größte aus dieser Sauropodengruppe ist der gewaltige, in Ostafrika und Nordamerika entdeckte *Brachiosaurus*. Ein aufgestelltes Skelett im Berliner Museum für Naturkunde ist 22,65 m lang, der Kopf erhebt sich 11,87 m vom Boden. Ein erwachsener Mensch reicht ihm nicht einmal bis an die Ellbogen. Mit einem geschätzten Lebendgewicht von 50 Tonnen wog *Brachiosaurus* fünfmal soviel wie *Diplodocus*. Kürzlich hat man in Amerika ein noch größeres Skelett gefunden. Das Tier war über 30 m lang und muß etwa 100 Tonnen gewogen haben.

Brachiosaurus war das größte landgehende Tier, das es je gab. Dennoch wird es wie die anderen *Sauropoden* die meiste Zeit im Sumpf geweilt haben, wo es durch das Nasenloch oben am Kopf atmete, während es Wasserpflanzen rupfte. Sein gewaltiger Körper wird im Wasser sicherlich manövrierfähiger gewesen sein als auf dem Land. Auf manchen Darstellungen ist *Brachiosaurus* zu sehen, wie er ein Strombett entlangschreitet und sein Kopf gerade eben über den Wasserspiegel hinausschaut. Aber in Wirklichkeit dürften es ihm die leichte obere Körperpartie, die Luftsäcke um die Wirbelsäule und die luftgefüllten Lungen trotz seiner massigen Beine sehr erschwert haben, auf dem Flußbett zu gehen. Der wahre Grund jedoch, weshalb ein solches Bild nicht stimmen kann, ist der enorme Druck, den das Wasser auf seine Lungen und die Blutgefäße im Hals ausgeübt haben würde, denn das Gewässer müßte mindestens 12 m tief sein, wenn *Brachiosaurus* nur mit dem Kopf herausschaut. Gewiß aber hat *Brachiosaurus* wie die anderen *Sauropoden* den langen Hals auf dem Wasser schwimmen lassen und kaum je den Boden unter den Füßen verloren. Seine langen, starken Vorderglieder werden ihm geholfen haben, am Flußufer umherzusteigen und an den Sumpfrändern aus tiefem Schlamm herauszukommen.

Ein derart gewaltiges Gewicht umherzuschleppen, muß schon rein mechanisch schwierig gewesen sein. Andererseits war *Brachiosaurus* wohl dank seiner Größe vor Fleischesser-Überfällen sicher. Wahrscheinlich lebte er weiter draußen in den Sümpfen als die kurzbeinigeren *Sauropoden* wie *Diplodocus*, so daß er mit ihnen nicht in Futterwettbewerb trat. Dieser Koloß hatte einen immensen Nahrungsbedarf. Nur die weichste Kost kam für ihn in Frage, und sie mußte rasch verzehrt werden, zum Kauen war keine Zeit. Vermutlich hat *Brachiosaurus* die meiste Zeit essend verbracht.

Bis zu einem gewissen Punkt gereichte den *Sauropoden* ihre Größe zu manchem Vorteil. Aber *Brachiosaurus* mag dann doch zu riesig und damit einfach lebensunfähig geworden sein. Jedenfalls existierten nur sehr wenige Arten dieser Sauropoden-Titanen lange genug, um noch einen größeren Teil der nächsten Periode mitzuerleben – der Kreidezeit, in der andere Dinosauriergruppen auf den Höhepunkt ihrer Entwicklung gelangten.

Einige Sauropodenarten überlebten allerdings bis zum Ende des Zeitalters der Dinosaurier, überdauerten also mehr als 120 Millionen Jahre. Sie waren weder mit Hörnern noch mit Panzern bewehrt, und obwohl sie ihre Schwänze vielleicht als Peitsche gegen Feinde eingesetzt haben, lag doch das wirkliche Geheimnis ihres Überlebens darin, daß sie jene Sumpfgewässer bewohnten, in die sich die Fleischesser nicht vorwagten.

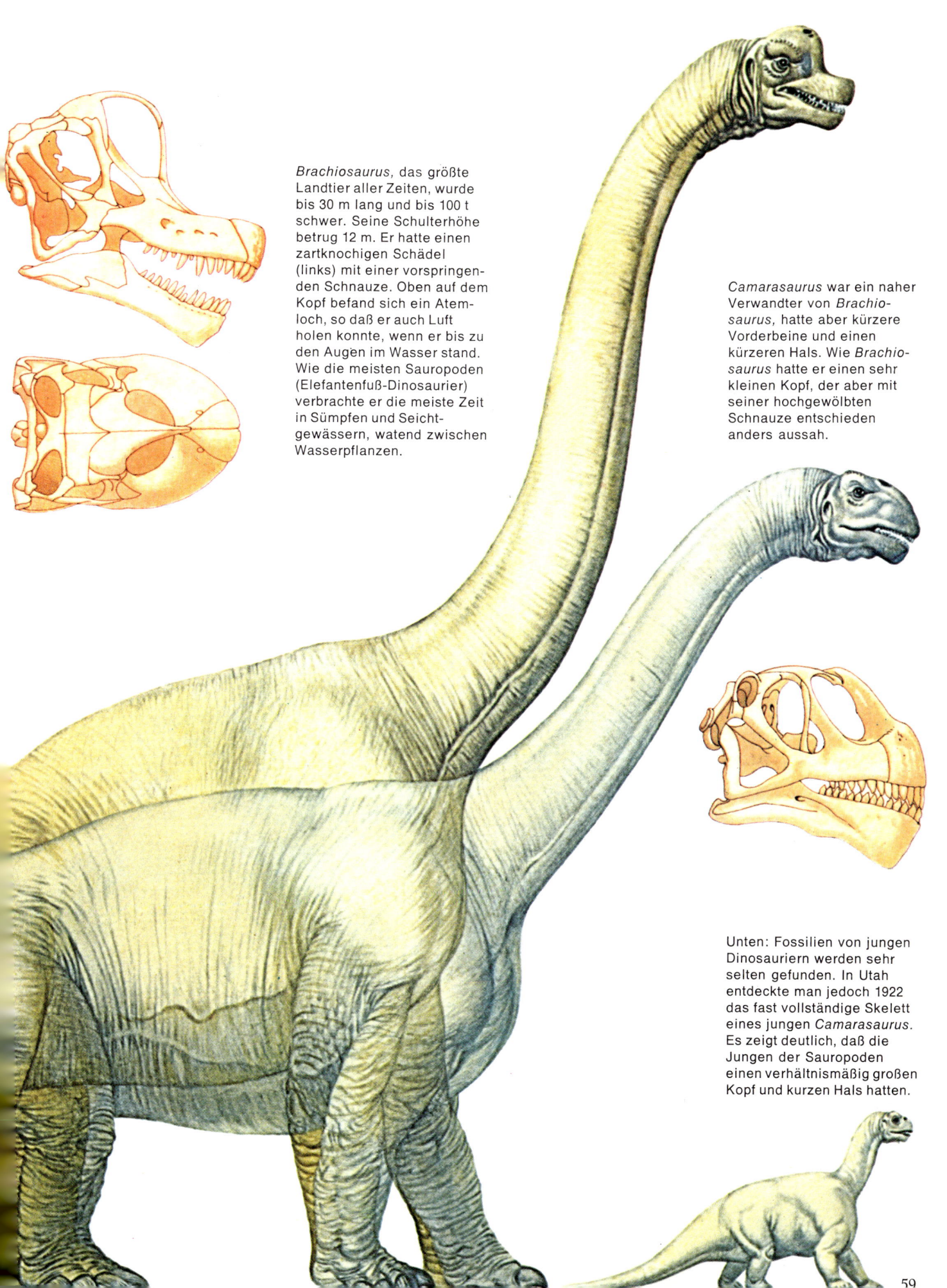

Brachiosaurus, das größte Landtier aller Zeiten, wurde bis 30 m lang und bis 100 t schwer. Seine Schulterhöhe betrug 12 m. Er hatte einen zartknochigen Schädel (links) mit einer vorspringenden Schnauze. Oben auf dem Kopf befand sich ein Atemloch, so daß er auch Luft holen konnte, wenn er bis zu den Augen im Wasser stand. Wie die meisten Sauropoden (Elefantenfuß-Dinosaurier) verbrachte er die meiste Zeit in Sümpfen und Seichtgewässern, watend zwischen Wasserpflanzen.

Camarasaurus war ein naher Verwandter von *Brachiosaurus*, hatte aber kürzere Vorderbeine und einen kürzeren Hals. Wie *Brachiosaurus* hatte er einen sehr kleinen Kopf, der aber mit seiner hochgewölbten Schnauze entschieden anders aussah.

Unten: Fossilien von jungen Dinosauriern werden sehr selten gefunden. In Utah entdeckte man jedoch 1922 das fast vollständige Skelett eines jungen *Camarasaurus*. Es zeigt deutlich, daß die Jungen der Sauropoden einen verhältnismäßig großen Kopf und kurzen Hals hatten.

CAMPTOSAURUS

Zu den erfolgreichen Tieren der Jurazeit gehört die Gruppe der Vogelfuß-Dinosaurier *(Ornithopoden)*. Aus einiger Entfernung hätte man sie irrtümlich für zweibeinige Fleischesser wie *Allosaurus* halten können, weil sie nur auf den Hinterbeinen gingen. Aber die Fossilfunde zeigen, daß sie Pflanzenesser waren, sich an Gräsern und an den Blättern von Baum und Busch gütlich taten und statt der furchterregenden Klauen der Fleischesser *(Carnivoren)* kleine Hufe an den dreizehigen Füßen trugen.

Diese Dinosaurier zogen in stattlichen Herden über die flachen Ebenen. Obwohl größer als die damaligen Fleischesser, war das einzelne Tier wehrlos. An eine ganze Herde jedoch traute sich kein *Carnivore* heran. Als Gemeinschaft stellte die Gruppe eine Festung dar.

Der Ahn dieser zweibeinigen Dinosaurier war der kleine *Fabrosaurus* aus der Trias. Die Tiere gehörten zu den Vogelbecken-Dinosauriern. Die größeren Formen, wie *Camptosaurus*, repräsentierten die Hauptentwicklungslinie, aber es entstanden auch verschiedene andere Typen. *Camptosaurus* maß gut 5 m und wog fast vier Tonnen. An Größe übertraf er seinen kleinen Vorfahren *Fabrosaurus* etwa um das Fünffache. Sein Schädel war lang und ziemlich flach im Gegensatz zu den kurzen Köpfen der Fleischesser.

Auch seine kantigen, dichtstehenden Zähne unterschieden sich von denen der *Carnivoren*; sie eigneten sich besonders für das Zermalmen und Zerstückeln von Pflanzen. Vermutlich hatte er wie *Fabrosaurus* am Vorderteil des Maules einen scharfen Hornschnabel, mit dem er Blätter und Stengel gut abtrennen konnte. Weidende Kühe und Schafe rupfen das Gras ganz ähnlich, nur haben sie dazu keinen Schnabel am Unterkiefer, sondern eine Knorpelkante am Oberkiefer und ihre scharfen Zähne.

Der Unterkieferboden von *Camptosaurus* zeigt eine breite Furchung, in der vermutlich eine lange Zunge wuchs. Das Futter wurde mit der Zunge gepackt, ins Maul gezogen, mit dem Schnabel abgeschnitten und dann zwischen die kauenden Zähne geführt.

Die Anordnung der Kiefer und die Muskeln besagen, daß *Camptosaurus* seine Kiefer mehr nach Nußknackerart und nicht als Schneidewerkzeuge wie die *Carnivoren* arbeiten ließ. Das Bemerkenswerteste an seiner Eßweise ist jedoch, wie er seine Backen benutzte. Als einzige Vogelbecken-Dinosaurier entwickelte diese Reptilgruppe Wangen, wie sie heute nur bei Säugern angetroffen werden. Backen haben ihren guten Sinn, weil das Tier mit ihrer Hilfe mehr Futter auf einmal ins Maul nehmen kann, als es den meisten Reptilien möglich ist. *Camptosaurus* kaute in der Art der heutigen Flederhunde. Mit ihren elastischen

Camptosaurus war der erste der großen Vogelbecken-Dinosaurier, die zweibeinig liefen. Fast 5 m lang, wog er fast vier Tonnen. In großen Herden zogen diese Pflanzenesser über die Ebenen.

Wänden drückten die Wangen das Futter auf die Zähne, so daß die Blätter durch das Auf und Ab des Kiefers allmählich zermahlen wurden.

Wenn das Futter so lange im Maul verweilen soll, bis die Zähne es ganz zerkleinert haben, muß das Tier gleichzeitig kauen und atmen können. Schon 60 Millionen Jahre vor Camptosaurus hatte sich bei den säugetierähnlichen Reptilien der harte Gaumen entwickelt, der verhindert, daß die Nahrung vom Mund aus in den Nasenrachengang eindringt. Die pflanzenessenden Dinosaurier bildeten nun ebenfalls diesen harten Gaumen aus. Unabhängig von ihnen haben ihn dann die echten Säuger entwickelt. Der harte Gaumen dient außerdem beim Kauen als Widerstand für die Zunge und erleichtert Säuglingen das Saugen.

Aus Fußabdrücken in Fährtenspuren wissen wir, daß *Camptosaurus* gewöhnlich auf den Hinterbeinen ging; da er aber an den vorderen wie an den hinteren Extremitäten Hufe besaß, muß er sich manchmal auch vierbeinig fortbewegt haben. Wenn die Herde sich auf der Wanderschaft befand oder vor einem Raubsaurier flüchtete, werden die Tiere auf zwei Beinen gerannt sein, während sie beim gemächlichen Weiden vierbeinig gingen.

Auch bei der Paarung dürften sie sich aller vier Beine bedient haben. Das Weibchen kauerte mit erhobenem, seitlich weggebogenem Schwanz am Boden. Das Männchen legte seine Vorderbeine über ihre Schultern und ein Hinterbein über ihre Hüfte. Dann schob er seinen Schwanz unter den ihrigen, so daß ihre Geschlechtswerkzeuge miteinander in Kontakt kamen. Nunmehr führte das Männchen sein Organ ein und entleerte sein Sperma. Der Samen wurde in einem besonderen Organ im Leib des Weibchens gespeichert und befruchtete die Eier, die von den Eierstöcken erzeugt wurden, bevor sie ihre Schalen bildeten. Eine Begattung genügte zur Befruchtung mehrerer Eierserien.

Wahrscheinlich verlief die Paarung bei allen Dinosauriern so oder ähnlich. Wie bei den modernen Reptilien und Vögeln mit ihren äußerlich nicht sichtbaren Fortpflanzungswerkzeugen erforderte die Begattung auch bei den Dinosauriern ein enges Zusammenwirken von Weibchen und Männchen. Sie gelang überhaupt nur, wenn das Weibchen es wünschte und dem Männchen seine Bereitschaft zu verstehen geben konnte. Viele Tiere haben bestimmte Balzgebaren – Pfauen schlagen ihr schillerndes Rad, Kronenkraniche tanzen, Echsen krümmen den Hals bogenförmig und stellen den Kamm auf. Etwas Derartiges taten wohl auch die Dinosaurier. Bei ihnen wird das Weibchen, für einen Balztanz zu gewichtig, vermutlich den Schwanz gehoben und den Rücken auf eine bestimmte Art gewölbt haben, die das Männchen sofort begriff.

Wie die heutigen Reptilien, hatten die männlichen Dinosaurier kein äußerlich sichtbares Geschlechtsorgan. Bei der Paarung mußten weibliches und männliches Tier die Unterseiten ihrer Schwänze eng zusammenbringen, damit der männliche Dinosaurier sein Sperma in den Körper des Weibchens einbringen konnte.

STEGOSAURIER

Ganz zu Anfang der Jura-Periode vor etwa 190 Millionen Jahren lebte im Süden Englands ein kleiner Vogelbecken-Dinosaurier. Er war 3,7 m lang; seinen Körper bedeckten kleine Platten, die an den Lenden und den Schwanz hinab dreieckige Stacheln bildeten. Dieser *Scelidosaurus* ist der Vorfahre der Stegosaurier (Stacheldinosaurier).

Die Feinde aller Pflanzenesser waren die fleischessenden Dinosaurier. Die Elefantenfuß-Dinosaurier (*Sauropoden*) wichen vor ihnen ins Wasser zurück und wuchsen sich zu Riesenformen aus. Die Vogelfuß-Dinosaurier (*Ornithopoden*) wie *Camptosaurus* konnten ihren Feinden wahrscheinlich durch die Flucht entkommen oder sich in den Schutz der großen Herde begeben. Die anderen Pflanzenesser entwickelten einen Panzer, ein Evolutionsprozeß, den man den „Rühr-mich-nicht-an"-Trend genannt hat. Sämtliche Vorfahren der Dinosaurier wiesen in der Haut verknöcherte Platten auf, die aber bei vielen Tieren verschwanden, wenn sie entweder aktiver wurden oder ein Leben in den Sümpfen vorzogen. Manche aber verstärkten und vervollkommneten die ursprüngliche Panzerung.

Es gab drei solcher bewehrten Gruppen, die zur Ordnung der Vogelbecken-Dinosaurier zählen: die Stacheldinosaurier, die Panzerdinosaurier und die Horndinosaurier. Die Panzerdinosaurier, zu denen der Ankylosaurier gehört, entwickelten einen festen, geschlossenen Panzer, ähnlich wie die Schildkröten ihn haben.

Der stachligste aller Dinosaurier war ein naher Verwandter des Stegosaurus, der 4,5 m lange *Kentrurosaurus* aus Ostafrika. Er hatte senkrechtstehende Panzerplatten von der Mitte des Rückens an bis zum Vorderende des Halses und von der Mitte abwärts bis zur Schwanzspitze paarig angeordnete Stacheln. Das letzte Stachelpaar saß direkt an der Schwanzspitze, während sich auf jeder Lende ein langer Stachel befand. Diese großen Stacheln erschwerten jeden Angriff auf *Kentrurosaurus* und dürften die meisten Fleischesser abgeschreckt haben.

Stegosaurus, der merkwürdigste aller Dinosaurier, wurde bis 9 m lang und wog bis 1,75 Tonnen. Sein winziger Kopf enthielt ein nur walnußgroßes Gehirn von 70 g Gewicht. Die Vorderbeine waren kürzer als die Hinterbeine, aber er ging vierfüßig und hielt den Leib dabei ziemlich weit vom Boden entfernt. Entlang der Mittellinie des Rückens trug er gewaltige Platten. Hinter dem Kopf zunächst ziemlich klein, nahmen sie an Größe zu, bis sie über der Hüfte einen Meter Durchmesser erreichten. Den Schwanz abwärts wurden sie wieder kleiner. Der letzte Meter Schwanz hatte keine Platten, dafür aber zwei bösartig aussehende Stachelpaare, mit denen das Tier jedem räuberischen Angreifer schreckliche Wunden zufügen konnte.

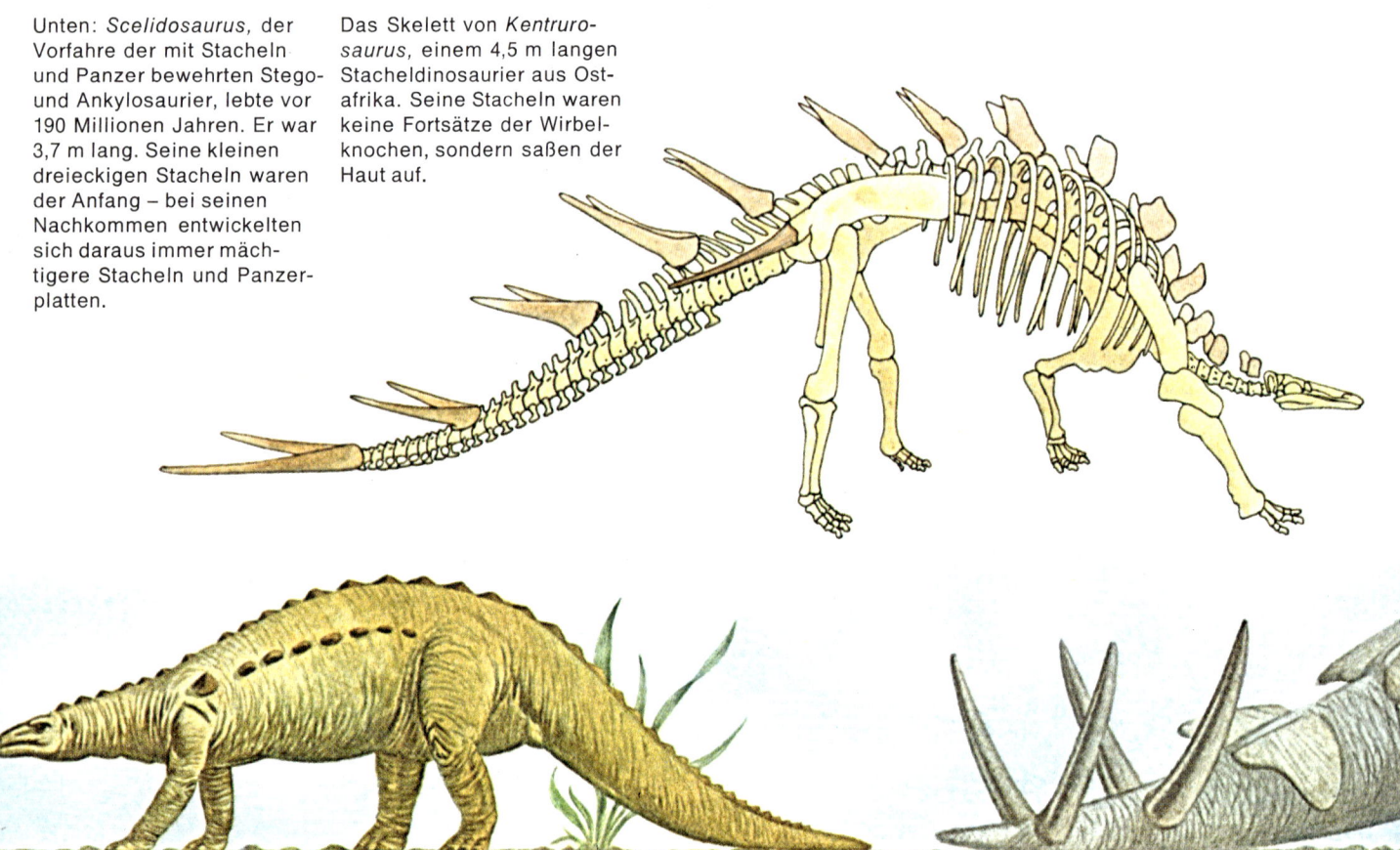

Unten: *Scelidosaurus*, der Vorfahre der mit Stacheln und Panzer bewehrten Stego- und Ankylosaurier, lebte vor 190 Millionen Jahren. Er war 3,7 m lang. Seine kleinen dreieckigen Stacheln waren der Anfang – bei seinen Nachkommen entwickelten sich daraus immer mächtigere Stacheln und Panzerplatten.

Das Skelett von *Kentrurosaurus*, einem 4,5 m langen Stacheldinosaurier aus Ostafrika. Seine Stacheln waren keine Fortsätze der Wirbelknochen, sondern saßen der Haut auf.

Wir wissen nicht genau, welchem Zweck die Knochenplatten dienten, wahrscheinlich aber dem Schutz des Tieres. Sie waren paarig angeordnet und weisen auf den meisten Abbildungen steil nach oben. Das sieht gewiß aufregend aus, zeigt die Platten jedoch in einer höchst unwirksamen Stellung, die die Fleischesser sicher bald als „reine Angabe" durchschaut haben würden. Solange sie nicht in die Nähe des Stachelschwanzes gerieten, konnten sie einfach neben *Stegosaurus* herlaufen und ihn zerfleischen. Kürzlich haben Fachleute entdeckt, daß die Panzerplatten wahrscheinlich seitwärts und nicht nach oben gerichtet waren; so wäre das Tier gegen Flankenangriffe weit besser gewappnet gewesen.

Das zusätzliche Gewicht der Platten, das sich über den Lenden und der Schwanzbasis konzentrierte, bildete ein Gegengewicht zum Vorderleib. Wir wissen, daß *Stegosaurus* sich auf den Hinterbeinen aufrichten konnte, um an Baumäste heranzukommen.

Stegosaurus ist nicht nur seines grimmigen Äußeren wegen, sondern auch wegen seines sogenannten „zweiten Gehirns" in der Lende berühmt. An der Basis der Wirbelsäule befand sich ein Hohlraum für ein „Gehirn" vom zehnfachen Volumen des richtigen Schädelgehirns. Diese Höhlung enthielt indessen keine hirnartige Nervengewebemasse, sondern eine besondere Drüse, eine Glykogendrüse, wie sie heutige Vögel aufweisen. Die Drüse lieferte dem Tier zusätzliche Kraft und gewährleistete, daß stets genug Energie verfügbar war, um die riesigen Hinterbeinmuskeln zu betätigen.

Die jüngsten Aufklärungen über *Stegosaurus* mögen manchen betrüben, der die Mutmaßungen über seine beiden berühmtesten Merkmale, die vermeintlich aufrechtstehende Panzerung und das „zweite Gehirn", viel interessanter gefunden hat. Immerhin – jetzt, da wir wissen, daß seine Knochenplatten nicht nur „zur Schau" da waren, sondern einem wichtigen und notwendigen Zweck dienten, erscheint uns *Stegosaurus* als ein viel glaubhafterer Vertreter der damaligen Fauna. Die neueren Rekonstruktionen vermitteln uns einen zutreffenden Eindruck von der Lebensweise und dem Aussehen dieses Dinosauriers.

DIE KÜSTENEBENEN OSTAFRIKAS

Fast während der ganzen Jurazeit, also vor 190 bis 140 Millionen Jahren, bedeckten ausgedehnte Sümpfe mit üppiger Vegetation ungeheure Festlandbereiche. Es gab nur wenige Gebirgszüge, und träge Flüsse schlängelten sich durch die weiten Ebenen. Hier, wo das Klima warm und feucht war, tummelten sich in den Sümpfen und der nahen Umgebung riesige *Sauropoden*, die Farne und Schachtelhalme in enormen Mengen vertilgten. Die *Sauropoden* wurden von Fleischessern wie *Allosaurus* und

Stegosaurus war der größte aller Stacheldinosaurier; er maß 9 m und wog 1,75 Tonnen. Die großen dreieckigen Platten, die ihm auf der Haut saßen, waren vermutlich seitlich gelegt, um Rücken und Seiten zu schützen. Gewöhnlich wird er mit aufrecht stehenden Platten gezeigt (siehe Skizze) und mit Vorderbeinen, die an den Ellbogen eingeknickt sind. So hätten ihm die Platten aber wenig Schutz gewährt, und die Beine hätten sein Gewicht nicht tragen können.

Ceratosaurus erbeutet. In der gleichen Umwelt lebte der stachelbewehrte Pflanzenesser *Stegosaurus*.

So sah es auch in weiten Gebieten Nordamerikas während der Jurazeit aus, und wir wissen, daß es in Ostafrika ähnliche Tiere in gleichartiger Landschaft gab. Einige waren auf den verschiedenen Kontinenten mit geringen Abweichungen vertreten. *Kentrurosaurus* zum Beispiel war die afrikanische Art von *Stegosaurus*. Er hatte lange, paarige Stacheln auf Rücken und Schwanz sowie oben an den Hinterbeinen je einen langen Seitenstachel. Afrikas *Sauropoden*, die *Dicraeosaurier*, ähnelten stark ihrem amerikanischen Vetter, dem 25 m langen *Apatosaurus;* mit ihren nur 13 m Länge und rund 3 m Höhe erreichten sie jedoch nicht dessen Größe.

Nicht alle afrikanischen Dinosaurier waren kleiner als ihre amerikanischen Verwandten, hatten sie doch das größte aller Landtiere, *Brachiosaurus*, in ihren Reihen. Wegen seiner langen Vorderbeine und seines langen Halses wurde vermutet, *Brachiosaurus* habe sich wahrscheinlich wie eine Giraffe von den Blättern der Baumwipfel ernährt. Das war durchaus möglich, denn wir wissen, daß *Brachiosaurus* auf dem Lande laufen konnte. Andererseits hat er gewiß lieber in Sümpfen gewatet, wo ihm das Wasser sein gewaltiges Gewicht tragen half.

Herden von pflanzenessenden Dinosauriern lebten in den sumpfigen Niederungen, die heute zu Ostafrika gehören. Viele ähnelten den Dinosauriern, die damals in Nordamerika lebten, aber in der Größe gab es manche Unterschiede.

In den Lüften über den Küstenebenen tummelten sich in Scharen die langschwänzigen, fischenden Pterosaurier der Gattung *Rhamphorhynchus*, während im Unterholz der kleinste aller Dinosaurier, der winzige *Compsognathus*, auf Echsen und Insekten pirschte.

In der Jurazeit erreichten die riesigen *Sauropoden* den Gipfel ihrer Entwicklung und dominierten in den meisten Landschaften der Erde. Nach dieser Periode begann ihr allmählicher Niedergang – neue Arten von pflanzenessenden Vogelbecken-Dinosauriern wurden nun vorherrschend. Die großen *Sauropoden* wurden zwar seltener, aber sie überlebten bis zum Ende der Dinosaurierzeit.

Compsognathus

Kentrosaurus

DIE LAGUNEN DER JURAZEIT

In der zweiten Hälfte der Jura-Periode erstreckten sich von Portugal bis Frankreich und nach Süddeutschland hinein klare, seichte, warme Lagunen. Der von ihnen hinterlassene feine, weiche Kalksteinschlamm erhärtete zu dem sogenannten lithographischen Kalkstein, dessen Name daher rührt, daß man ihn für den lithographischen Druck verwendete. Im neunzehnten Jahrhundert wurden in diesen Steinbrüchen oft vollkommen erhaltene Fossilien gefunden. Die Entdeckung des ersten *Archaeopteryx*-Fossils 1861 in Bayern rief in der Fachwelt eine Sensation hervor. Auch der kleinste Dinosaurier der Erde wurde in solchem Kalkstein entdeckt. 1972 barg man bei Nizza (Südfrankreich) eine nur 1 m lange, bisher unbekannte Form des winzigen *Compsognathus*. Statt der drei freien, langen Finger der übrigen Coelurosaurier hatte er aus den

Fossiles Skelett des ersten Vogels, der *Archaeopteryx*, aus den Lagunen der Jurazeit, gefunden in Bayern. Bisher wurden nur fünf *Archaeopteryx*-Skelette gefunden. Dies ist das zweite und besonders wichtig, denn nicht nur die Flügel und der gefiederte Schwanz sind erhalten, sondern auch die reptilartigen Zähne.

Fossilienfunde zeigen uns, wie viele verschiedene Tierarten vor 150 Millionen Jahren an den Lagunen der Jurazeit lebten.

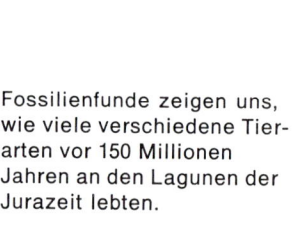

Fingern zusammengewachsene Ruder. Diese Abart von *Compsognathus* konnte wahrscheinlich besonders gut schwimmen und tauchen und wird sich von Krabben und anderen in den Lagunen lebenden Krustentieren ernährt haben.

Im lithographischen Kalkstein wurden nicht nur diese beiden bemerkenswerten Funde gemacht; er enthält alle Arten des Tierlebens, das sich in, über und neben der Lagune entfaltete.

So sind dort gestrandete Quallen wunderschön erhalten, obgleich sie keine Hartteile haben; ferner gibt es da Ammoniten und Königskrabben-Spuren, an deren Ende die Königskrabbe selbst zu sehen ist. Fische, Flußkrebse, Krabben und andere Krustazeen beweisen, daß ein üppiges Futterangebot in den Lagunen die Bedürfnisse vieler verschiedener Tierarten befriedigen konnte. Krokodile lebten von den zahlreichen Fischarten, und Wasserschildkröten gediehen prächtig. Am Lagunenrand flatterten Libellen und andere Insekten umher, denen die verschiedensten Echsenarten nachstellten. Diese wiederum wurden von *Archaeopteryx* und *Compsognathus* erbeutet. Vertreten waren alle modernen Echsengruppen. Vermutlich gab es dort auch einige große, fleischessende Coelurosaurier (Hohlknochen-Dinosaurier) wie *Ornitholestes*, die sich von *Archaeopteryx* und anderen Kleinreptilien ernährten.

Während am Boden all dieses Pirschen, Räubern und Erbeuten vor sich ging, herrschten in den Lüften die Ptero- oder Flugsaurier. Die größeren stürzten sich von oben auf Fische in der Lagune, während kleinere, zum Beispiel *Pterodactylus*, sich Insekten in der Luft fingen.

Wie kein anderes Gestein vermittelt uns der lithographische Kalkstein ein vollständiges Bild und ermöglicht es uns, bis ins kleinste Detail die vielfältige Fauna der Zeit vor 150 Millionen Jahren zu rekonstruieren.

REPTILIEN IM MEER

Die Herren der jurassischen Meere waren die Ichthyosaurier oder „Fischechsen". Keiner weiß, wie sie entstanden sind. Sie könnten von landbewohnenden Reptilien abstammen; doch schon zu Beginn der Triaszeit waren sie ins Meer zurückgekehrt und konnten sich bald auf dem Land nicht mehr fortbewegen.

Im großen und ganzen sah der Ichthyosaurier wie ein Fisch aus; er maß 1 bis 12 m. Seine Gliedmaßen hatten sich zu flossenähnlichen Paddeln umgebildet. Er besaß eine Schwanzflosse und auf dem Rücken eine große Dreiecksflosse. Sein Kopf lief in eine lange, schmale Spitzschnauze mit zahlreichen scharfen Zähnen aus.

Bei den ersten fossilen Skelettfunden schienen die Schwänze immer an derselben Stelle geknickt oder gebrochen zu sein. Später entdeckte man, daß es sich nicht um einen Bruch handelte, sondern um eine Stütze für die große Schwanzflosse, die in ihrem Oberteil knochenlos und daher nicht erhalten geblieben war. Im vorigen Jahrhundert hat man sehr viele vollständige Skelette im württembergischen Holzmaden gefunden. Da bei mehreren Skeletten zugleich die Hautumrisse konserviert waren, konnte man Flossen und Paddel sehr genau erkennen.

Die Haut war so vorzüglich erhalten, daß selbst die Pigmentzellen, die dem Tier seine Farbe verliehen, noch vorhanden waren. Daher wissen wir, daß der Ichthyosaurierrücken die dunkelgrüne oder bräunliche Färbung eines Schildkrötenpanzers aufwies.

Die vorderen Paddel waren doppelt so lang wie die hinteren. Gleich der Tragfläche eines Flugzeugs oder einem Pinguinflügel war das Paddel vorn dick, aber hinten dünner und platter.

Holzmaden-Skelette haben bewiesen, daß die Ichthyosaurier lebende Junge gebaren, denn in manchen sind bis zu vier kleine Skelette erhalten. Wenn die erwachsenen Tiere diese Skelettchen verschluckt hätten, wären sie im Magen verdaut und zerstört worden. Es kann sich also nur um Embryonen handeln, die sich im Mutterleib entwickelten. Schlüssig ergab sich das aus einem Fossilfund, der eine Ichthyosaurier-Mutter mit ihrem Kind im Moment der Geburt zeigt.

Man unterscheidet Schmalflossen- und Breitflossen-Fischechsen. Bei den ersteren geht vom Zwischenknochen der Handwurzel nur ein Fingerstrahl aus; bei den Breitflossen waren es zwei Fingerstrahlen, ihre Paddel waren also breiter und auch kürzer. Bei beiden Gruppen waren die Paddel steif und nur in den Schulter- und Ellbogen-

Liopleurodon (Pliosaurier)
Metriorhynchus
Cryptocleidus (Plesiosaurier)

gelenken beweglich, doch sind die breiteren Paddel der zweiten Gruppe ihrer Form nach besser für die Fortbewegung im Wasser geeignet.

Zusammen mit den Ichthyosaurierskeletten und teils sogar in deren Innerem wurden fossile Kotballen (Koprolithen) gefunden. Im wesentlichen enthalten die Kotsteine Schuppen und Stacheln von dem Fisch *Pholidophorus*, einem schnellen Schwimmer im Oberflächenwasser. Sie belegen, daß die Ichthyosaurier aktiv fischten und sich schwimmend und essend am oder nahe dem Wasserspiegel bewegten.

Fossile Mageninhalte anderer Ichthyosaurier ergeben wieder ein anderes Bild. Etliche Skelette enthalten eine Menge winziger, schwarzer, gebogener Haken von 1 bis 2 mm Länge. Ein junger Ichthyosaurier, er war nicht einmal 1,5 m lang, hatte ungefähr 478 000 solcher Haken im Bauch.

Die Haken stammen von den Tentakeln von Kopffüßern *(Cephalopoden)*, zu denen die Kalmare und die Kraken gehören. Jeder Kopffüßer besaß zehn Tentakel mit je rund dreißig Haken daran. Demnach hat dieser junge Ichthyosaurier an die 1590 Kopffüßer verspeist. Die Haken erscheinen nicht in den Kotballen; sie sammelten sich vermutlich im Magen an, um später ausgespien zu werden. Dasselbe beobachten wir heute bei Pottwalen, die sich gleichfalls von Kopffüßern ernähren.

Einige der späteren Ichthyosaurierarten büßten ihre Zähne ein und lebten wahrscheinlich nur noch von Kopffüßern, die sie mit ihren unbezahnten Kiefern packten und dann im Stück verschlangen.

Ichthyosaurier, Plesiosaurier und Pliosaurier waren die vorherrschenden Meeresreptilien der Jurazeit. Obwohl sie zugleich in derselben Umwelt lebten, waren sie keine Konkurrenten, denn sie suchten sich verschiedenartige Nahrung.

Ichthyosaurus

Dieser junge Ichthyosaurier ist so gut erhalten, daß man sogar das Muster seiner Haut erkennt. Man sieht auch deutlich die Schwanz- und Rückenflossen. Vor mehr als 150 Millionen Jahren sank dieser tote Ichthyosaurier in den Schlamm des Meeresbodens, wo er, abgeschlossen vom Sauerstoff, nicht vollständig verweste.

Nach der Jurazeit verloren die Ichthyosaurier an Bedeutung in der See. Das überrascht, weil sie doch anscheinend von allen Reptilien am besten dem Leben im Meer angepaßt waren.

Zwei Gruppen von Krokodilen entfalteten sich in den Jurameeren. Die eine – sie ging als einzige Archosauriergruppe völlig zur aquatischen Lebensweise über – ist zu Beginn der Kreidezeit ausgestorben. Die andere Gruppe hielt sich in den Meeren rings um den afrikanischen Kontinent viel länger und erlosch erst vor 46 Millionen Jahren im Mittleren Eozän, 18 Millionen Jahre nach dem Ende des Zeitalters der Dinosaurier.

Die dritte erfolgreiche Gruppe meerbewohnender Reptilien waren die Plesiosaurier (Paddel- und Schwanenhalsechsen). Auf den ersten Blick scheinen sie dem Leben im Wasser längst nicht so gut angepaßt zu sein wie die Ichthyosaurier, doch sollten sie sich in der Folge entschieden besser behaupten.

Die Plesiosaurier gingen aus derselben Gruppe hervor wie die Nothosaurier, jene Reptilien, welche zur Triaszeit in der See und am Ufer eine so wichtige Rolle gespielt hatten. Die Plesiosaurier hatten breitere Körper als die Nothosaurier und kürzere Schwänze. Ihre Gliedmaßen waren zu Flossen geworden, wenn sie auch noch Finger und Zehen aufwiesen. Sie waren Fischesser mit langem Hals, kleinem Kopf und sehr, sehr vielen scharfen Zähnen.

Zu Anfang der Jurazeit entwickelten manche Plesiosaurier längere Köpfe und etwas kürzere Hälse. Sie wurden die Ahnen einer weiteren Gruppe, der Pliosaurier, die sich um die Mitte der Jurazeit durchgesetzt hatten und die größten aller marinen Reptilien werden sollten. Der kurze, dicke Hals mit dem enormen Kopf machte beim Plio-

Die langhalsigen Plesiosaurier waren schnelle, bewegliche Schwimmer. Ihre Paddel arbeiteten wie Ruder und konnten nach vorn und hinten bewegt werden, so daß rasche Wendungen möglich waren. Sie konnten ihre Paddel jedoch nur bis zur Höhe des Schultergelenks heben, darum konnten sie nicht nach Beute tauchen, sondern mußten ihre Fischnahrung im Oberflächenwasser suchen, wobei ihnen der lange, biegsame Hals sehr dienlich war.

saurier ein Viertel der Körperlänge aus. Ein in England gefundener Pliosaurier hatte einen 3 m langen Schädel bei einer geschätzten Gesamtlänge von 12 m.

Der Körper der Pliosaurier war viel strömungsgünstiger gestaltet als der Leib der langhalsigen Plesiosaurier. Sie waren keine unmittelbaren Futterkonkurrenten, obwohl sie in derselben Umwelt lebten. Die Plesiosaurier ernährten sich vor allem von Fischen, während die kurzhalsigen Pliosaurier, wie wir aus Mageninhalten wissen, hauptsächlich Kopffüßer aßen. Beide Gruppen bestanden bis zum Ende der Kreidezeit vor 64 Millionen Jahren.

SCHWIMMTECHNIKEN

Plesiosaurier und Pliosaurier unterschieden sich nicht nur in ihren Körperformen und Ernährungsgewohnheiten voneinander, sondern auch in ihrer Schwimmtechnik. Die langhalsigen Plesiosaurier waren hurtig, behende und sehr manövrierfähig, die schwereren, kurzhalsigen Pliosaurier dagegen ausdauernde Langstreckenschwimmer.

Im Wasser bewegt sich ein schwimmendes Tier normalerweise voran, indem es die Glieder nach hinten drückt. Bei den Plesiosauriern waren die Vorholmuskeln der Flossen fast so stark wie deren Rückziehmuskeln, so daß sie ihre Gliedmaßen in beiden Richtungen mit gleicher Kraft regieren konnten. Wenn ein Plesiosaurier alle Glieder nach vorn drückte, schwamm er einfach rückwärts; wenn er eines im Rückengleichschlag nach vorn und eines in einem normalen Schwimmstoß nach hinten bewegte, konnte er flugs wenden.

Die Plesiosaurier vermochten ihre Paddel nur bis zur Höhe des Schultergelenks zu heben und konnten daher nicht nach Beute tauchen. Die Flossen arbeiteten als starre Einheiten ohne jede Biegsamkeit; sie brachten zwar rasche Kurzschläge zustande, indessen keine kräftig durchgezogenen Schwimmbewegungen. Diese Rudertechnik war im Grunde ziemlich unzulänglich, paßte aber gut zu ihrer Lebensweise. Die Plesiosaurier müssen die meiste Zeit im Oberflächenwasser gepaddelt haben, wo sie mit allerlei Drehungen und Wendungen ihrer Beute nachstellten. Der lange Hals kann sich im Wasser wie eine Schlange bewegt haben, aber er konnte nicht so jähe Wendungen wie der Rumpf vollführen. Wenn ein Plesiosaurier nach Fischen ausspähend umherschwamm, hat er seinen langen Hals wahrscheinlich über Wasser gehalten und mit dem Kopf gleich einem fischenden Vogel nach der gesichteten Beute gestoßen.

Die Stromlinienform der Pliosaurier mit großem Kopf und dickem Hals weist diese Tiere als tüchtige Langstreckenschwimmer aus. Ihre Flossen trieben sie durchs Wasser; statt der raschen, ruckartigen Schlagbewegungen der Plesiosaurier machten sie lange, stetige Schwimmstöße und konnten nach ihrer Kopffüßernahrung tauchen.

Die Pliosaurier benutzten ihre Vorderpaddel genau wie ein Pinguin seine Flügel, wenn er wie ein Torpedo durchs Wasser dahinschießt. Wir wissen aus Hautabdrücken, daß die Flossen wie Gleitflächen oben gewölbt und unten flach waren. Das ist im Wasser die geeignetste Form. Sobald der Pliosaurier einen abwärtsgerichteten Schwimmstoß machte, wurde die Flosse dank ihrer besonderen Gleitflächengestalt durch den Wasserdruck wieder aufwärts bewegt und war dann ohne weiteres Zutun des Tieres zum nächsten Schlag bereit.

Die Hinterpaddel bewegten sich anders, ähnlich wie ein Ruderer sein Paddel dreht, wenn er das Riemenblatt vorwärts und rückwärts durchs Wasser zieht.

Die kurzhalsigen Pliosaurier waren nicht so wendig wie ihre langhalsigen Verwandten, aber sie waren gute Langstreckenschwimmer. Sie bewegten ihre Vorderpaddel ähnlich wie die Pinguine, indem sie sie nach unten und nach hinten gegen das Wasser drückten. Kräftige Muskeln zogen die Flossen nach vorn. Den Hauptstoß nach vorn gaben die längeren Hinterflossen, wenn sie kräftig an den Körper herangezogen wurden. Bei der entgegengesetzten Bewegung wurden die Flossen so gedreht, daß nur die schmalen Kanten dem Wasser Widerstand boten.

Die Kreidezeit — von 136 bis 64 Millionen Jahren

Die Kreidezeit brachte viele bedeutsame Veränderungen mit sich. In dieser Periode begann sich das Bild der modernen Welt bereits abzuzeichnen. Die Dinosaurier waren noch am zahl- und artenreichsten. Fast alle Gruppen, die sich in der Jurazeit entfaltet hatten, erlebten auch die Kreidezeit. Doch während die Jurazeit von den Echsenbecken-Dinosauriern — den schweren Raubsauriern und Sauropoden sowie den leichtgebauten Coelurosauriern — beherrscht wurde, war die Kreidezeit die Epoche der Vogelbecken-Dinosaurier.

Zu Beginn der Kreidezeit, vor 136 Millionen Jahren, deutete nur wenig auf bevorstehenden Wandel. Das Klima hatte sich nicht geändert; auf der Erde war es größtenteils warm und feucht. Nach wie vor behaupteten sich die großen *Sauropoden* als die hauptsächlichen Pflanzenesser, und die Fleischesser glichen fast hundertprozentig ihren jurazeitlichen Vorgängern. Das Pflanzenleben glich noch weitgehend dem der Jurazeit. Aber erste, schwache Anzeichen künftiger Entwicklungen gab es doch schon. Die gepanzerten Stegosaurier waren verschwunden und von einer noch schwerer gepanzerten Vogelbecken-Dinosauriergruppe abgelöst worden, den gedrungenen Ankylosauriern. Selbst die wandlungsträgen Fleischesser entwickelten neue Methoden, ihre Beute zu überwältigen. Eine andere Gruppe der Vogelbecken-Dinosaurier, die Vogelfuß-Dinosaurier *(Ornithopoden)*, die zur Jurazeit noch verhältnismäßig unbedeutend gewesen waren, gewann jetzt an Boden.

In der mittleren Kreidezeit vor 100 Millionen Jahren setzten einschneidende geologische Veränderungen ein. Der Urkontinent Pangaea zerbrach endgültig in die einzelnen Kontinente. Nordamerika trennte sich von Europa. Antarktika und Australien rückten auseinander, und von Afrika und Australien löste sich der indische Subkontinent und driftete nach Nordosten, bis er an die große asiatische Landmasse stieß. Im Laufe vieler Jahrmillionen entstand dann der Atlantik. Von Norden und Süden schob sich nach und nach ein dünner Meeresarm vor, bis sich ein schmales Gewässer etwa in der Art des heutigen Roten Meeres bildete. Von nun an drifteten Südamerika und Afrika immer weiter auseinander. Auch die enge Verbindung zwischen Afrika und Europa wurde unterbrochen. Um die Mitte der Kreidezeit wurden alle heutigen Erdteile zu selbständigen Landmassen.

Die Abtrennung der Kontinente hatte bedeutsame Folgen für die Dinosaurier. Voneinander abgeschnitten, lebten sie nunmehr auf isolierten Landmassen und konnten nicht mehr von Region zu Region wandern. In der Trias- und der Jurazeit hatten überall auf der Erde mehr oder weniger die gleichen Dinosaurier existiert. Aber jetzt, nach ihrer geologisch bedingten Aufsplitterung, stellten sie sich allmählich ganz unterschiedlich auf die Umweltveränderungen ein.

Auf den Südkontinenten änderte sich im Grunde kaum etwas. Die riesigen *Sauropoden* blieben die hauptsächlichen Pflanzenesser und wurden von den großen Raubsauriern erbeutet. Es gibt kaum Anzeichen für irgendeine Weiterentwicklung dieser südlichen Dinosaurier — man weiß eben nur, daß sie es schafften, bis zum Ende der Kreidezeit zu überleben.

Ganz anders auf den Nordkontinenten. Reiches Anschauungsmaterial enthüllt die rasche Entfaltung ihrer immer lebenstüchtiger werdenden Dinosaurierbevölkerung. Die dramatischsten Entwicklungen vollzogen sich unter den pflanzenessenden Vogelbecken-Dinosauriern, der Ordnung Ornithischia. Sie verzweigten sich zu enormer Formenfülle, von den Entenschnabelechsen *(Hadrosaurier)* bis zu den vielen verschiedenen Horndinosauriern, den *Ceratopsia*.

Die *Sauropoden* hatten auf den Nordkontinenten zwar Bestand, wurden aber von den *Ornithopoden* allmählich aus ihren Lebensräumen verdrängt. Die Fleischesser lebten weiter wie bisher, jedoch mit einigen Veränderungen: Manche Coelurosaurier scheinen von der reinen Fleischnahrung zu einer Mischkost aus Fleisch und Pflanzen übergegangen zu sein. Bei den Ankylosauriern (Panzer-Dinosauriern) entwickelten sich mehrere verschiedene Formen mit abweichenden Panzerungsmustern und unterschiedlich gestalteten Schwänzen, an deren Enden Knochenstacheln oder schwere Keulen saßen.

Im warmen Klima der Kreidezeit entwickelten sich Blütenpflanzen verschiedener Art. Neue Bäume wie Eichen, Eschen, Platanen, Magnolien, Lorbeer und riesige Mammutbäume erschienen. Koniferen und Araukarien gediehen weiterhin.

Während der Kreidezeit drifteten die Teile Pangaeas weiter auseinander und wurden zu den heutigen Kontinenten. Nord- und Südamerika waren lange durch eine Landbrücke verbunden, die aber am Ende der Dinosaurierzeit zerbrach. Es gab nur wenige Gebirgsketten. Das Land war vorwiegend flach, und warme, klare Gewässer bedeckten riesige Gebiete.

Gegen Ende der Kreidezeit waren Süd- und Nordamerika zum erstenmal seit der Trias, 150 Millionen Jahre vorher, miteinander verbunden; und nun zogen einige neuentstandene nördliche Dinosaurier südwärts. Soweit uns bekannt, hat von den damaligen drei Hauptgruppen, den Horndinosauriern *(Ceratopsia)*, den Entenschnabelechsen (Hadrosaurier) und den Panzerdinosauriern (Ankylosaurier), keine der neuen Arten, die sich während der Kreidezeit im Norden entwickelten, ein anderes der südlichen Festländer erreicht.

Die Veränderungen bei den nördlichen Dinosauriern wurden von wichtigen Umgestaltungen im Pflanzenleben beeinflußt. Im Süden scheint sich die Flora seit dem Beginn der Kreidezeit kaum gewandelt zu haben, aber im Norden breiteten sich allenthalben moderne Blütenpflanzen aus. Die neuen Pflanzen waren faserreicher als die alten und enthielten Siliziumdioxid (SiO_2). Die Dinosaurier konnten sich von den neuen Pflanzen nur ernähren, wenn es ihnen gelang, ihr Verdauungssystem entsprechend anzupassen; und weil sie das schafften, konnten sie überleben und sich mächtiger entfalten als je zuvor.

Die großen Erdbeben, Vulkanausbrüche und Flutwellen, die das Auseinanderbrechen der Kontinente begleitet haben müssen, vermochten sie nicht zu vernichten, und die Veränderungen des Pflanzenlebens wirkten sich auch nicht nennenswert aus. Aber dann trat am Ende der Kreidezeit vor 64 Millionen Jahren eine weitere Krise ein. Welcher Art sie war, wissen wir nicht; jedenfalls existierte gegen Ende der Periode keine einzige Dinosaurierart mehr.

MODERNE PFLANZEN UND TIERE DER KREIDEZEIT

Die Flora der späten Kreidezeit wäre uns schon sehr vertraut vorgekommen, denn außer uralten Sequoien, Ginkgogewächsen und Koniferen gediehen bereits die meisten heute vorkommenden Bäume, Sträucher und Blumen, so Kiefern und Tannen, Eichen, Eschen, Pappeln, Platanen, Weiden, Ahorn und Birke. Auch Brotfruchtbaum und Feigenbaum, die jetzt nur noch in den wärmeren Ländern gedeihen, mischten sich darunter. Im dichten Unterholz zwischen Sträuchern und kleinen Bäumen standen Magnoliengewächse, Schneeball *(Viburnum)*, Zimtbaum *(Cinnamomum)*, Lorbeer und Myrte, außerdem Haselnuß und Hartriegel. Auch die merkwürdige Stechpalme Ilex hatte sich schon entwickelt. Viele heutige Gartengewächse stammen aus jener Zeit – Kletterrosen, Knöterich *(Polygonum)*, Weinrebe *(Vitis)* und Passionsblumen. Steinbrechgewächse *(Saxifraga)* brachten mit Lilien, Primeln, Wolfsmilch und Heidekraut Farbe in die kreidezeitliche Landschaft und würzten die Luft mit ihren Düften.

Leuchtend bunte, aromatische Blüten hingen mit einem weiteren Aspekt der Kreidezeit zusammen: Damals erschienen in den Termiten und Bienen die ersten soziallebenden Insekten. Angelockt von den kräftig gefärbten, wohlriechenden Pflanzen, übertrugen die Bienen und andere Insekten den Pollen von Blüte zu Blüte, wie sie es bis auf den heutigen Tag tun.

Unter den Wasserpflanzen würden wir den modernen Schwimmfarn *Salvinia* entdecken sowie den Wassersalat *Pistia* und die Wassernuß *Trapa*. Sogar Seerosen *(Nymphaea)* gab es. Auf den Gewässern und an den Ufern der Seen und sumpfigen Marschen lebten neue Vogelarten, die wir heute allesamt erkennen könnten.

Die Vogelfossilien aus jener Zeit weisen weit mehr See- und Wasservögel aus als irgendwelche anderen Arten. Das kommt daher, daß Vogelknochen sehr zerbrechlich sind und in Sand und Sumpf besser erhalten bleiben als anderswo. Sie sind ganz ähnlich gebaut wie die meisten modernen Vogelskelette. Es ist äußerst schwierig, aus einem Bruchstück, beispielsweise einem Beinknochen, die Vogelfamilie zu bestimmen, zu der er gehört. Trotz solcher Probleme hat man in kreidezeitlichem Gestein an vielen Stellen der Erde, besonders aber in Nordamerika, Mitglieder moderner Vogelfamilien identifizieren können.

Aus der Epoche vor 100 Millionen Jahren fand man am häufigsten zwei kreidezeitliche Vögel, Zahntaucher *(Hesperornis)* und Fischvögel *(Ichthyornis)*. Hesperornis war ein bezahnter, schwimmender Fischesser, der nicht mehr fliegen konnte. *Ichthyornis* war ein hochentwickelter, schneller Flieger ähnlich einer heutigen Seeschwalbe. Beide Familien erloschen noch in der Kreidezeit, doch lebten gegen Ende der Periode vor 64 Millionen Jahren bereits mehrere andere, moderne Vögel in den verschiedensten Landschaften.

Der fischende Kormoran *Graculavus* stieß im Sturzflug auf Fische herab und trocknete danach seine Schwingen in der Sonne. Taucher wie *Lonchodytes* schwammen an der Wasseroberfläche und tauchten von Zeit zu Zeit nach Beutefischen. Im Flachwasser jagte der mit den Ibissen verwandte Stelzvogel *Plegadornis* auf Frösche, Fische und Wasserkäfer. Die Ralle *Telmatornis*, die stark an die heutigen Echten Rallen und Teichhühner erinnerte, schwamm am Gewässersaum entlang und lief am Ufer umher. Sie ernährte sich vorwiegend von Insekten und Würmern, nahm aber auch Samen, Beeren und Wasserpflanzen. Langbeinige Watvögel schritten in Gruppen die sumpfigen Ufer ab und stöberten im Schlamm nach Würmern, Insekten und kleinen Schalentieren. In den Bäumen abseits der Gewässer hockte gelegentlich eine Eule. Flamingos bevölkerten die offenen, seichten Wasserflächen, wo sie reichlich Algen und Krebstierchen fanden.

In der Kreidezeit erreichten die Dinosaurier den Höhepunkt ihrer Entwicklung. Aber bei anderen Tierarten gab es auch Veränderungen. Die Echsen entwickelten sich weiter, und in Afrika erschienen die Schlangen in Gestalt urtümlicher Pythons. Die ersten Schlangen lebten im Wasser; wahrscheinlich haben sie ihre Gliedmaßen verloren und die Schlangenbewegungen herausgebildet, um auf ihre Art bessere Schwimmer zu werden. Von Giftschlangen liegen aus der Kreidezeit keinerlei Spuren vor.

Unter den Schildkröten entwickelten sich die Sumpf- und die Dosenschildkröten. Moderne Landschildkröten tappten umher und ließen sich ihre Pflanzennahrung munden. Krokodile behaupteten ihren uralten Platz im Haushalt der Natur.

Zu den Fischechsen (Ichthyosaurier) und Schwanenhalsechsen (Plesiosaurier), die weiterhin im Meer gediehen, gesellten sich nun riesige Meeres-Echsen, Verwandte der Warane und des Komodowarans unserer Tage. Die wichtigste Veränderung war die rasche Evolution schnellschwimmender moderner Knochenfische, der Vorfahren von Hering und Lachs.

Schließlich begannen sich auch die Säugetiere zu modernen Gruppen zu entfalten, darunter die Vorfahren der Beutelratten, Spitzmäuse und Igel, der katzen- und hundeähnlichen Fleischesser und der Herrentiere *(Primaten)*. Der erste fossile Halbaffe ist *Purgatorius,* ein kleines, mausgroßes Tier.

Angesichts all der modernen Pflanzen und Tiere, die sich damals auf der Erde einstellten, scheint es fast, als ob die riesigen Dinosaurier keine große Rolle mehr gespielt hätten. Für die Vögel, Echsen, Schlangen und Säuger der damaligen Zeit waren die Dinosaurier ziemlich unwichtig. Sicher standen sie mit diesen Tieren in keinem direkten Wettbewerb um Nahrung oder Lebensraum, und am Ende der Kreidezeit werden sich die meisten Tiere kaum um die Dinosaurier gekümmert haben.

Während der zweiten Hälfte der Kreidezeit ähnelten die Tiere und Pflanzen schon weitgehend der heutigen Fauna und Flora: Schon gab es viele verschiedene Vögel: Eulen, Rallen, Kormorane, Watvögel und schwalbenähnliche Seevögel. Blütenpflanzen, wie die Rose, hatten sich entwickelt, und Eichen und andere Laubbäume waren weit verbreitet. Bienen und andere Insekten befruchteten die Blütenpflanzen. Eidechsen, Schlangen und kleine Säugetiere lebten im dichten Unterholz. Aber noch herrschten in dieser so neuzeitlich anmutenden Landschaft die Dinosaurier vor. jetzt auf dem Höhepunkt ihrer Entwicklung.

FLEISCHESSENDE DINOSAURIER DER KREIDEZEIT

Während der ganzen Kreidezeit tummelten sich in den Ebenen und Niederungen nach wie vor die großen, fleischessenden Echsenbecken-Dinosaurier, die Raubsaurier. Wie die kolossalen Pflanzenesser, von denen sie sich ernährten, wurden auch sie noch größer denn je zuvor. Der mächtigste, *Tyrannosaurus*, die „Schreckensechse", war mit fast 15 m Länge erheblich größer als sein jurazeitlicher Vorfahr *Allosaurus*.

Die entsetzlich aussehenden Fleischesser wie *Tyrannosaurus* und dessen Verwandte, *Albertosaurus* aus Kanada und *Tarbosaurus* aus der Mongolei, können nicht sehr flink gewesen sein. Sie brauchten Unmengen Futter und enorm viel Kraft zur Fortbewegung ihrer Massen. Wenn sie zuviel umherliefen, erwärmten sie sich über Gebühr und mußten eine Abkühlungspause einlegen. Mehr als ein langsames, schwerfälliges Einherschreiten mit kurzen, raschen Zwischenspurts brachten sie gewiß nicht zuwege.

Ihre wichtigsten Waffen waren ihre klobigen, gefährlichen Klauenfüße, mit denen sie jeden ungepanzerten pflanzenessenden Dinosaurier zerreißen konnten. Eine solche Fleischbeute reichte für sie wochenlang. Theoretisch hätte ein zehn Tonnen schwerer Fleischesser wie *Tyrannosaurus* von einem Zwanzig-Tonnen-Sauropoden oder von drei kleineren Entenschnabel-Dinosauriern ein Jahr lang leben können.

Man kann annehmen, daß die Raubsaurier sich die Beute teilten. Wenn sie so viel verzehrt hatten, wie sie nur konnten, lagen sie tagelang mit vollem Wanst schläfrig da, bis es Zeit war für einen neuen Pirschgang. In der Kreidezeit, das wissen wir, gab es eine Unzahl pflanzenessender Dinosaurier. Selbst wenn die Fleischesser nur die eines natürlichen Todes gestorbenen Pflanzenesser vertilgt hätten, wäre für sie genug Fleisch vorhanden gewesen.

Der größte, furchtbarste der Fleischesser war *Tyrannosaurus rex*. Auf Bildern zeigt man ihn meistens 15 m lang, 6 m hoch und auf den starken Hinterbeinen aufgerichtet. Sein langer Schwanz schleift am Boden, sein klaffendes Riesenmaul starrt von langen Dolchzähnen, mit denen er die Beute in Stücke reißen will. Auf manchen Abbildungen kämpft er mit anderen Dinosauriern. Jedenfalls galt er als der schlimmste Räuber, den die Erde je getragen hat.

Kürzlich haben Gelehrte herausgefunden, daß er in Wirklichkeit nicht ganz so beängstigend war, wie man glaubte. Sein Schwanz war doch kürzer, und er hat sich keineswegs derart hoch aufgerichtet, da er sein Rückgrat meist waagerecht – parallel zum Boden – und den Schwanz nach hinten ausgestreckt hielt. Aus Fußabdrücken wissen wir, daß *Tyrannosaurus* mit seinen gewaltigen Hinterbeinen höchstens etwa 1 m lange Schritte machte und daher wie eine Gans gewatschelt haben muß.

Mit seinen Zähnen konnte *Tyrannosaurus* sicher gut Fleisch zerreißen; zum Festhalten eines kämpfenden Beutetieres waren sie nicht so gut geeignet. Dazu benutzte er die mächtigen Klauen an den Hinterfüßen.

Hinterklaue

Vorderklaue

Die kraftvollen Schultermuskeln über den winzigen Vorderbeinen halfen *Tyrannosaurus* beim Aufstehen, wenn er sich niedergelegt hatte. Vermutlich stemmte er die Vorderbeine fest auf den Boden, damit er nicht nach vorn rutschte, wenn er die Hinterbeine streckte. Dann warf er den schweren Kopf so weit wie möglich zurück und verlegte so das Schwergewicht mehr aufs Becken. Sobald er stand, hielt sein schwerer Schwanz den Körper im Gleichgewicht.

Tyrannosaurus rex war der größte Fleischesser aller Zeiten. 15 m lang und 10 Tonnen schwer, erlegte er die ungeschützten Pflanzenesser auf den Ebenen und an den Ufern der Flachseen. Die Fleischesser waren allmählich größer geworden und konnten es mit den riesigsten Pflanzenessern aufnehmen. *Tyrannosaurus*, *Tarbosaurus* und *Albertosaurus* hatten vermutlich die äußerst mögliche Größe erreicht: Wären sie noch größer und schwerer geworden, hätten sie nicht mehr auf zwei Beinen laufen können und wären keine erfolgreichen Jäger gewesen.

Selbst bei der mörderisch wirkenden Bezahnung trügt der Anschein. Hätte er sich in lebende Tiere verbissen, wären seine Zähne im Kampfgetümmel abgebrochen. Allerdings konnte er mit seinen entsetzlichen Klauen an den dreizehigen Füßen selbst gegen die größten Pflanzenesser wirksam vorgehen, doch seine Zähne hat er wahrscheinlich nur zum Vertilgen toter Tiere benutzt.

Seine winzigen Vorderbeine wiesen lediglich je zwei Finger auf und dienten dem Tier vermutlich als Zahnstocher, mit denen er Fleischreste aus den Zahnlücken entfernte. Aber sie hatten noch eine andere, wichtige Funktion – sie halfen *Tyrannosaurus* beim Aufstehen aus liegender Position. Zum Hinlegen oder -setzen klappte er die Beine zusammen, so daß Bauch und Brust am Boden ruhten. Wenn er nun, um sich zu erheben, einfach die Beine gestreckt hätte, wäre er nur wie eine riesige armlose Echse ein Stück über den Boden gerutscht. Aber wenn er die zweiklauigen Finger fest in den Boden rammte, konnte er die Hinterbeine strecken, ohne sich auf dem Bauch vorwärts zu schieben, und so den kolossalen Körper emporwuchten. Zugleich warf er den Kopf in den Nacken, wodurch er das Gewicht der vorderen Körperpartie zum großen Teil auf die Hüften verlagerte.

Wenn auch die fleischessenden Dinosaurier wahrscheinlich nicht sehr intensiv nach Beute zu jagen brauchten, werden sie sich bisweilen doch rascher als sonst bewegt haben müssen, um was Rechtes zu erwischen. Im subtropischen Klima der Kreidezeit war die Überhitzung des Körpers ein schwerwiegendes Problem, denn es zwang die großen Dinosaurier zu häufigen Abkühlungspausen. Natürlich haben sie sich nach Möglichkeit dazu Schatten ausgesucht. Einer der Fleischesser aber entwickelte ein körpereigenes Kühlsystem. Das war der 12 m lange *Spinosaurus* aus Ägypten. Die enorm vergrößerten Dornfortsätze seiner Rückenwirbel trugen ein riesiges Rückensegel, das mit Haut bedeckt und von vielen hundert Blutgefäßen, Venen und Arterien durchzogen war.

Diese Hautfalte wirkte wie die Segel der säugetierähnlichen Reptilien über 100 Millionen Jahre früher. In der Tageshitze konnte sich *Spinosaurus* mit dem Kopf zur Sonne drehen, so daß deren Strahlen nur auf der Schmalkante auftrafen, während die Seiten des Segels mit ihrer großen Fläche Wärme abgaben. Wenn *Spinosaurus* dagegen am frühen Morgen sein Segel quer zur Sonne stellte, stieg seine Innentemperatur rasch, und er wurde aktiv, bevor andere Reptilien den Temperaturunterschied voll

Ein besonders merkwürdig aussehender Dinosaurier der Kreidezeit war *Spinosaurus*, ein 12 m langer Fleischesser aus Ägypten. Das hautbedeckte Rückensegel spannte sich über Dornfortsätze seines Rückgrats, die bis 1,9 m verlängert waren. Das Segel half *Spinosaurus*, seine Körpertemperatur zu regulieren. Darum konnte er sich vermutlich schneller bewegen als andere große Fleischesser seiner Zeit.

verkraftet hatten und aus ihrer normalen Schläfrigkeit erwacht waren.

Anders als die übrigen großen Fleischesser verfügte *Spinosaurus* über starke Vorderbeine. Wohl blieben die Hinterbeine seine wichtigste Waffe, denn auf ihnen konnte er sich zum Kampf aufrichten wie die anderen Raubsaurier. Aber das vierfüßige Laufen verbraucht nicht soviel Energie wie das zweifüßige, und so bevorzugte er auf der Pirsch die vierbeinige Fortbewegungsart.

Gewiß hätte *Spinosaurus* aktiver sein können als die übrigen Raub- oder Carnosaurier, doch bei ungestümen Auseinandersetzungen wäre ihm sein empfindlicher Rückensegel bald zerfetzt worden. Wie die anderen schwerfälligen, gemächlich trottenden Fleischesser war er mutmaßlich ein eher bequemer Jäger und wählte sich nur Tiere aus, die er leicht überwältigen konnte, oder er atzte sich an bereits verendeten Pflanzenessern.

DIE KLAUENTRAGENDEN DINOSAURIER

Sämtliche großen Fleischesser töteten die Beute mit ihren Hinterfußklauen. Bei zwei Carnivoren jedoch, einem kleinen und einem großen, entwickelten sich die Klauen zu besonders wirksamen Waffen.

Der allergefährlichste Dinosaurier war vermutlich nicht der riesenhafte, massige *Tyrannosaurus*, sondern eine kleine Form mit einer Standhöhe von nur 1 m und einer Länge von Kopf bis Schwanz von lediglich 2,5 m. Dieses Tier von der Größe eines kleinen Ponys heißt *Deinonychus* oder „Schreckensklaue". *Deinonychus* übertraf alle übrigen Dinosaurier an Wendigkeit. Er sprang seine Opfer an, riß ihnen den Hals auf und die Eingeweide aus dem Leib – alles in einer Geschwindigkeit, die der Welt der Reptilien bis dahin fremd gewesen war. Dazu benutzte er weder seine Zähne noch seine Vorderklauen, sondern eine einzelne, enorme, sichelförmige Zehenklaue. Andere Fleischesser gingen auf allen drei Zehen, aber „Schreckensklaue" lief nur auf zweien. Die innere Klauenzehe hielt er bodenfrei, damit sie sich beim Laufen nicht abnutzte.

Auf einem Bein stehend, schwang *Deinonychus* seine Klaue in hohem Bogen, falls er seine Opfer nicht ansprang, was er ja auch konnte. Heute besitzen die Helmkasuare in Australien eine scharfe Kralle an der zweiten Zehe, mit der sie sich verteidigen, wenn ihnen ein Angreifer zu nahe kommt. Als Jäger mußte *Deinonychus* seine Beute über-

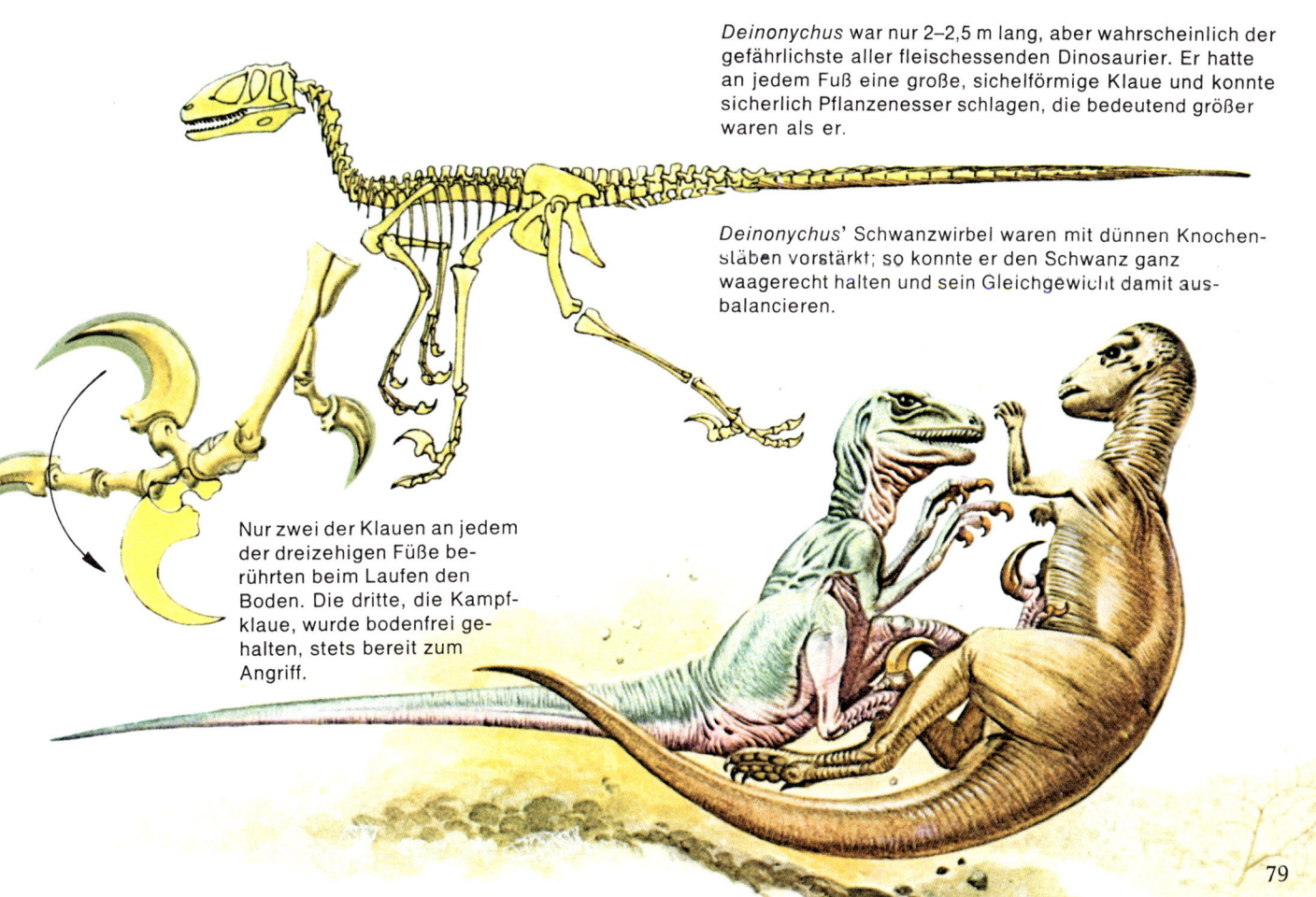

Deinonychus war nur 2–2,5 m lang, aber wahrscheinlich der gefährlichste aller fleischessenden Dinosaurier. Er hatte an jedem Fuß eine große, sichelförmige Klaue und konnte sicherlich Pflanzenesser schlagen, die bedeutend größer waren als er.

Deinonychus' Schwanzwirbel waren mit dünnen Knochenstäben verstärkt; so konnte er den Schwanz ganz waagerecht halten und sein Gleichgewicht damit ausbalancieren.

Nur zwei der Klauen an jedem der dreizehigen Füße berührten beim Laufen den Boden. Die dritte, die Kampfklaue, wurde bodenfrei gehalten, stets bereit zum Angriff.

raschend schlagen; er stürzte in Windeseile auf das Tier zu und hieb es mit seinen Klauen nieder, ehe es fliehen konnte.

Da er sich zum Kampf auf einem Bein aufrichten mußte, brauchte er einen ausgeprägten Gleichgewichtssinn. Sein Schwanz war mit dünnen Knochenstäben verstärkt, so daß er ihn wie eine Balancierstange benutzen konnte. Jeden Schwanzknochen umgaben etwa 40 Knochenstäbe; das machte den Schwanz sehr steif, und deshalb konnte *Deinonychus* ihn zwar leicht auf und ab, doch nicht zur Seite bewegen. Ferner hatte *Deinonychus* drei Finger mit langen Klauen an den Händen und ein viel beweglicheres Handgelenk als alle anderen Dinosaurier. Mit diesen Händen hielt er die angeschlagene Beute fest, zerrte ihr die Fleischstücke vom Gebein, die seine schrecklichen Hinterklauen sozusagen „vorgeschnitten" hatten, und stillte seinen Hunger. *Deinonychus* muß die furchtbarste Kreatur im Zeitalter der Dinosaurier gewesen sein.

In der Mongolei hat man einen anderen fleischessenden Dinosauriertyp gefunden, der ebenfalls grausige Klauen hatte – aber nicht eine an jedem Fuß, sondern drei an jeder Hand. Seine Vorderglieder waren 2,5 m lang – länger als der ganze Körper von *Deinonychus*, und so nannte man das Tier *Deinocheirus* oder „Schreckliche Hand". Doch da man bislang leider keine Spur von seinem übrigen Körper entdeckt hat, können wir uns nicht wirklich vorstellen, wie *Deinocheirus* aussah. Wir wissen, daß seine langen Vorderglieder nicht zum Laufen dienten; ohne Bodenkontakt konnten sie aber nur bleiben, wenn sich das Tier entsprechend hoch auf den Hinterbeinen aufrichtete. Mutmaßlich stand und ging *Deinocheirus* wie die übrigen großen Fleischesser, und wahrscheinlich hatte er auch einen ähnlichen Kopf wie sie. Aber das alles sind unbewiesene Annahmen. Zur Zeit liegt von ihm nur ein einziger, riesiger Arm vor, der ganz sicher schreckliche Wunden schlagen konnte.

Mit solchen langen Vorderklauen muß *Deinocheirus* ein großer, gefährlicher Raubdinosaurier gewesen sein. Vermutlich hat er seine Opfer frontal mit der weit ausholenden Reißhand angegriffen. Die drei Klauenfinger waren spreizbar, lagen aber gewöhnlich dicht beieinander, während er den Arm seitlich im Bogen gegen die Flanke des Beutetiers führte. Er konnte auch beide Arme gleichzeitig schwingen oder abwechselnd mit der Rechten und der Linken nach dem Hals des Tieres schlagen. Zuerst wird er versucht haben, ihm die Halsvenen oder den weichen Unterleib aufzureißen, worauf er dann mit Händen und Füßen die Beute zerstückelte.

Da man bisher nur einen Arm entdeckt hat, ist unbekannt, ob *Deinocheirus* ein gewöhnlicher Raubsaurier oder eine Coelurosaurier-Großform war. Trifft letzteres zu, so hat er sich in seinen Lebensgewohnheiten stark vom Rest jener kleinen Dinosaurier unterschieden. Das aber werden wir erst wissen, wenn weitere Funde vorliegen.

Diese fürchterlichen Arme sind alles, was man bisher von einem Dinosaurier fand, der *Deinocheirus*, „Schreckliche Hand", genannt wurde. Sie wurden kürzlich mit anderen wichtigen Funden in der Mongolei entdeckt. Erst wenn weitere Knochen von *Deinocheirus* vorliegen, können wir uns ein Bild von ihm machen. Bestimmt war er ein riesiger Fleischesser und muß einer der gefährlichsten Dinosaurier der Kreidezeit gewesen sein.

DIE KLEINEN FLEISCHESSER

Die kleinen fleischessenden Coelurosaurier (Hohlknochen-Dinosaurier) lebten und gediehen in der Kreidezeit. Wie bei anderen Dinosauriergruppen, entwickelten sich mit neuen Lebensweisen auch neue Formen.

Eine davon, *Ornithomimus*, erinnert an einen modernen Strauß und wirkt äußerlich kaum wie ein fleischessender Dinosaurier. Im Vergleich zum Körper des Tieres war der Schädel extrem klein. Vogelähnlich waren an *Ornithomimus* der unbezahnte Schnabel und die langen dünnen Beine. Der Arm glich in seinem Bau weitgehend dem großen Arm von *Deinocheirus*. Aber offensichtlich lebte *Ornithomimus* ganz anders.

Diese späten Coelurosaurier haben sich zu vielerlei Arten entwickelt. Ihre Existenzform muß sich also bewährt haben, doch wich sie, wie ihre Skelette erkennen lassen, erheblich von der anderer kleinerer Fleischesser ab. Sie hatten weder Klauen zum Zerfleischen der Beute noch Zähne zum Zerkauen der Stücke; sie konnten sich anderer Reptilien nicht erwehren und nur überleben, indem sie

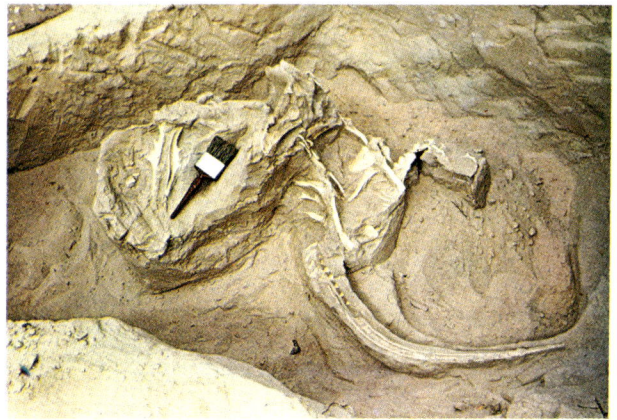

Ein einmaliger Fossilfund aus der Mongolei: Der kleine Pflanzenesser *Protoceratops*, der vom Fleischesser *Velociraptor* angegriffen wird.

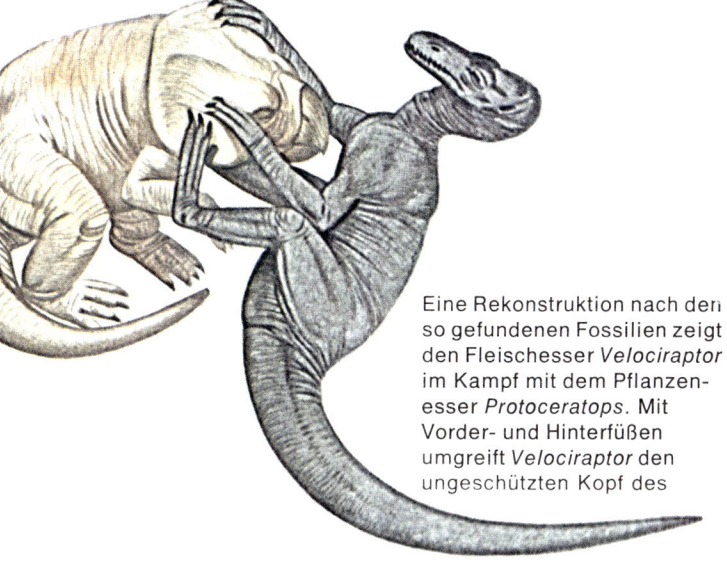

Eine Rekonstruktion nach den so gefundenen Fossilien zeigt den Fleischesser *Velociraptor* im Kampf mit dem Pflanzenesser *Protoceratops*. Mit Vorder- und Hinterfüßen umgreift *Velociraptor* den ungeschützten Kopf des Pflanzenessers. Man weiß nicht, warum beide Dinosaurier bei diesem Kampf umgekommen sind.

Der straußenähnliche *Ornithomimus* war ein Coelurosaurier, ein Nachkomme der kleinen Fleischesser, die sich zu Beginn des Dinosaurier-Zeitalters entwickelt hatten. *Ornithomimus* war 4 m lang und wahrscheinlich einer der ersten Gemischköstler; er nährte sich von Insekten, kleinen Echsen und Säugern, aber auch von Pflanzen und von Dinosauriereiern.

vor ihren Feinden davonliefen. Ihre langen, dünnen Beine zeigen, daß sie hurtige Renner waren und sich Räubern wahrscheinlich einfach durch die eilige Flucht entzogen haben.

Über ihre langen, dünnen Hände sowie darüber, wie und wozu die Tiere sie benutzt haben mögen, hat es lange Auseinandersetzungen gegeben. Einige Wissenschaftler meinen, daß sie als Greifhände dienten, und sie sehen in *Ornithomimus* einen Eiräuber. Die Richtigkeit dieser Überlegung scheinen Skelette zu bestätigen, die auf einem Nest von Dinosauriereiern liegend gefunden wurden – womöglich sind diese Tiere beim Stehlen getötet worden.

Ornithomimus mag Eier verspeist haben, doch waren seine Hände zum Forttragen solcher Objekte nicht wirklich geeignet. Wahrscheinlicher ist, daß er mit den Händen den Sand von Gelegen weggeschaufelt, dann die Eier mit dem Schnabel geöffnet und sie ausgesaugt hat.

In mehrfacher Hinsicht glich *Ornithomimus* einem langgeschwänzten Strauß ohne Gefieder. Sein langer, biegsamer Hals reichte, auch wenn *Ornithomimus* aufrecht stand, bis zum Boden herab, und er vermochte den Kopf genau wie ein Vogel blitzschnell hin- und herzuwenden. Nach Ansicht einiger Fachleute soll er von Insekten gelebt haben, die er mit dem rasch zufahrenden Schnabel erhaschte; da er aber vier Meter lang war, kann man sich schwer vorstellen, daß er genügend viele Insekten erbeuten konnte, um seinen Nahrungsbedarf zu decken. Im Überfluß vorhanden war damals nur pflanzliche Kost. Vielleicht lebte *Ornithomimus* also außer von Insekten und Eiern auch von Pflanzen. Bei der Futtersuche wird er vermutlich mit den Händen im Unterholz gestöbert und alles, was sich da rührte – Insekten, kleine Echsen und kleine bepelzte Säuger – mit jähen Schnabelstößen erjagt haben.

Ornithomimus und seine Verwandten werden stets zu den fleischessenden Dinosauriern gerechnet. In Wirklichkeit waren sie Abkömmlinge von Carnivoren, die sich auf eine vorwiegend vegetarische Kost umgestellt hatten.

Sie sahen nicht nur wie Strauße aus, sie glichen ihnen auch in der Lebensweise. Sie konnten zwar nicht fliegen, doch rannten sie ihren Feinden im Nu davon. Unmittelbare Konkurrenten in der Dinosaurierwelt hatten sie nicht. So überlebten sie bis ganz zum Ende der Dinosaurierzeit.

Auch die gewöhnlichen fleischessenden Coelurosaurier lebten damals noch, und dafür gibt es ein bemerkenswertes Zeugnis – einen *Velociraptor*, der während einer Attacke auf den Pflanzenesser *Protoceratops* starb oder getötet wurde. Die miteinander verflochtenen Skelette beider Dinosaurier – die Hände von *Velociraptor* liegen um den Kopf von *Protoceratops* – wurden 1971 im Zuge der polnisch-mongolischen Gemeinschaftsexpedition in der Wüste Gobi gefunden. Es ist das bislang einzige bekannte Belegstück eines Dinosaurierkampfes. Vordem hatten wir nur vermuten können, daß solche Duelle stattgefunden haben müssen.

DIE ANKYLOSAURIER

In der Kreidezeit entwickelte sich eine Fülle von Vogelbecken-Dinosauriern, die sämtlich Pflanzenesser waren. Noch gab es die riesigen Echsenbecken-Sauropoden, aber sie waren den neuen Vogelbecken-Dinosaurierformen an Bedeutung und an Zahl unterlegen. Die vielen verschiedenen Arten fleischessender Echsenbecken-Dinosaurier brachten die friedfertigen Vegetarier in eine sehr gefährliche Lage. Zwei Gruppen, beide Abkömmlinge des frühjurassischen *Scelidosaurus,* entzogen sich dem Zugriff der Fleischesser nicht durch Fluchtmanöver, sondern mit Hilfe einer schützenden Panzerung.

Die Angehörigen der ersten Gruppe, die Stegosaurier (Stacheldinosaurier), entwickelten paarweise angeordnete, spitze Platten, mit denen sie jedoch, wie wir sahen, nur in der Jurazeit gut durchkamen. Die Tiere der zweiten Gruppe, die Ankylosaurier (Panzerdinosaurier), erinnerten mit ihrem Knochenplattenmosaik an riesige, stachelbewehrte Schildkröten. Im Gegensatz zu den Stegosauriern überlebten sie bis zum Ende der Kreidezeit.

Acanthopolis war eine etwa 4 m lange Ankylosaurus-Frühform und stammte aus Südengland. Da die quer zur Längsachse des Tieres verlaufenden Rückenplatten elastisch waren, konnte es einen Buckel machen. In mehrfacher Hinsicht sah er wie ein großer *Scelidosaurus* aus. *Polacanthus,* ebenfalls aus England, sieht aus wie eine Zwischenform von Stegosaurus und Ankylosaurus. Er war 4,7 m lang und hatte hohe, konische, paarige Stacheln auf Hals und Rumpf. Die größten Stacheln standen über der Schulter. Auf dem Schwanz saßen paarweise angeordnete Platten. Die Stacheln verliehen ihm das Aussehen eines Stegosauriers, aber die Hüftpartie entsprach eher der eines Ankylosauriers und war vollständig von einem verknöcherten, schildförmigen Panzer mit kleinen, abgerundeten Knochenelementen bedeckt.

Ankylosaurus, der der ganzen Unterordnung Ankylosauria den Namen gab, wird heute *Euoplocephalus* genannt. Man könnte ihn als einen lebenden Panzerwagen bezeichnen. Mit seinen 5 m nur halb so lang wie der stachlige Stegosaurus, wog er gleichwohl doppelt soviel wie dieser, nämlich 3 Tonnen. Der Kopf wies oben einen dicken

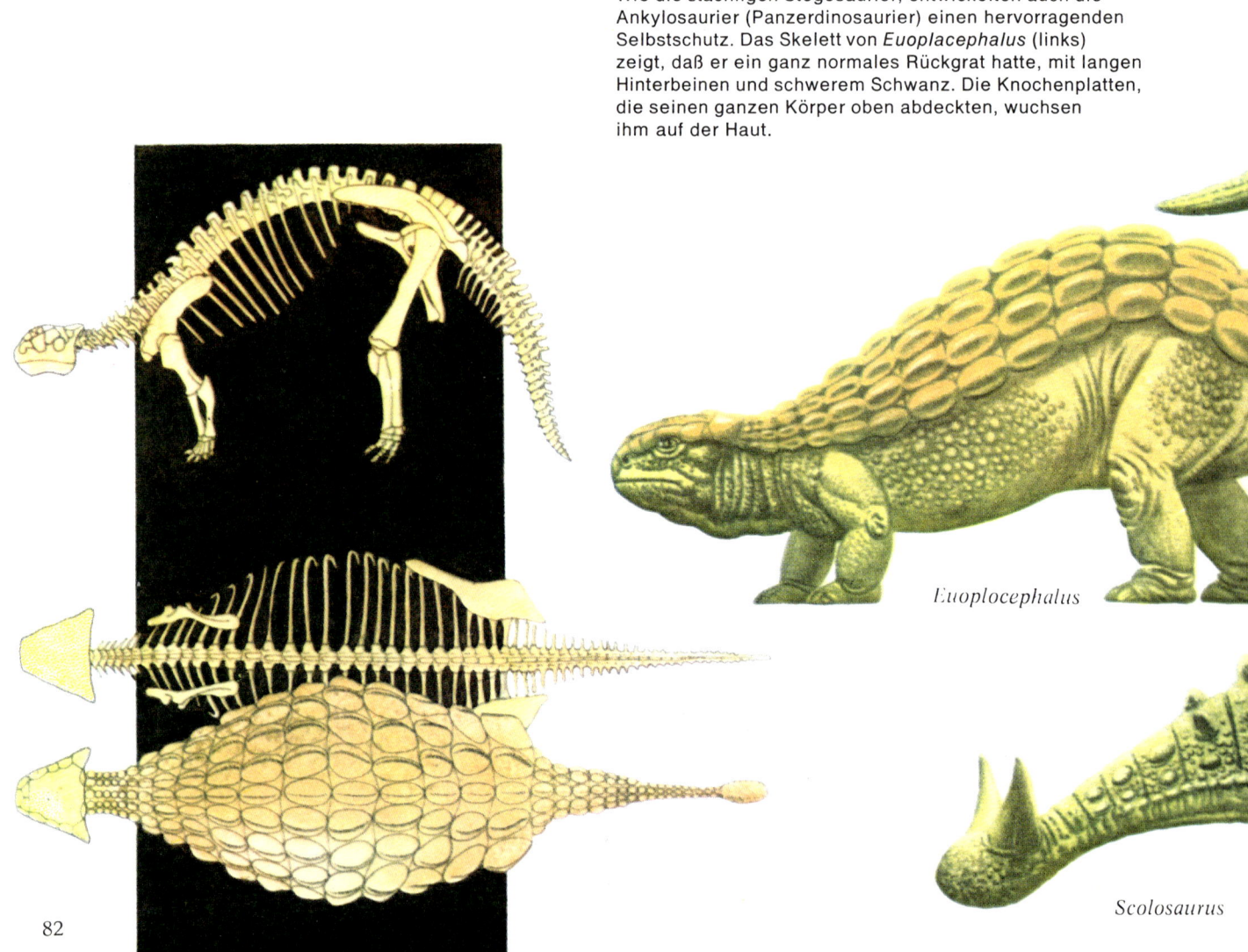

Wie die stachligen Stegosaurier, entwickelten auch die Ankylosaurier (Panzerdinosaurier) einen hervorragenden Selbstschutz. Das Skelett von *Euoplocephalus* (links) zeigt, daß er ein ganz normales Rückgrat hatte, mit langen Hinterbeinen und schwerem Schwanz. Die Knochenplatten, die seinen ganzen Körper oben abdeckten, wuchsen ihm auf der Haut.

Euoplocephalus

Scolosaurus

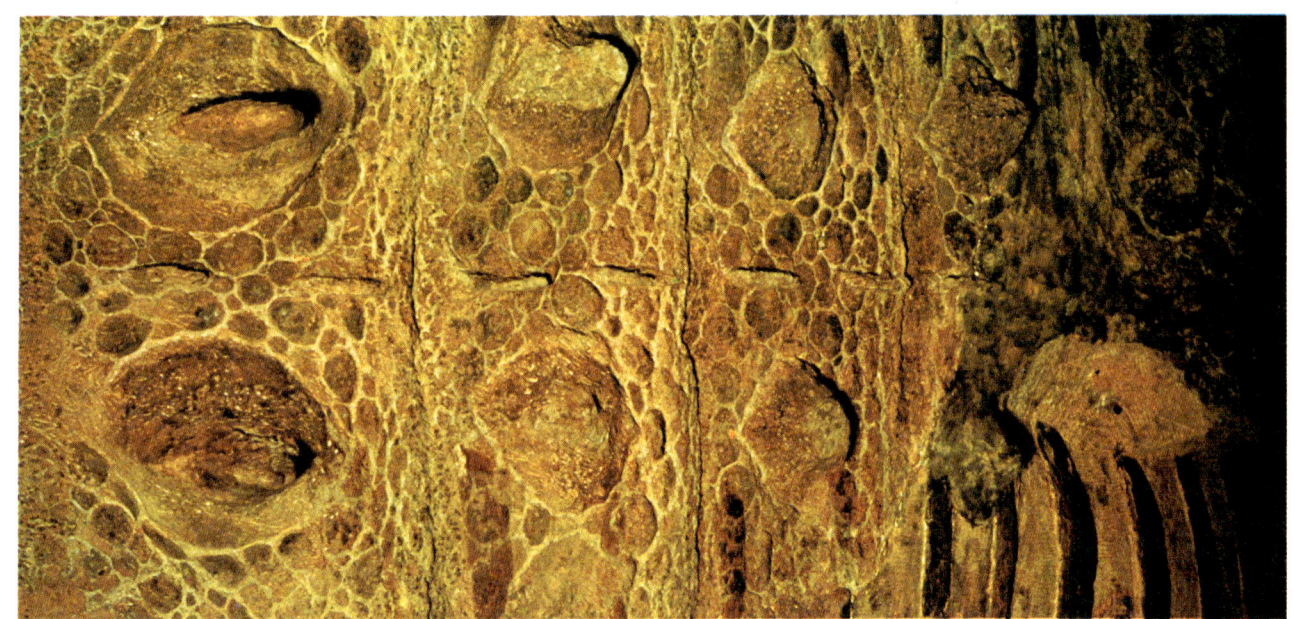

Teil des Rückenschildes der einzig bekannten Art *Scolosaurus cutleri*. Dieser große Ankylosaurier wog 3,5 Tonnen. Aus der harten Oberfläche wuchsen dicke Stacheln, die zusätzlichen Schutz gewährten.

Acanthopholis

Polacanthus

Die verschiedenen Ankylosaurier entwickelten recht unterschiedliche Rüstungen. Der frühe *Acanthopholis* besaß nur Knochenplatten, aber *Polacanthus*, *Scolosaurus* und der gefährlich aussehende *Palaeoscincus* hatten außer Panzerplatten auch Stacheln. Der 3 Tonnen schwere *Euoplocephalus* war wieder nur durch Knochenplatten geschützt.

Palaeoscincus

Indem sie ihre schweren Körper nahe am Boden hielten, waren die Ankylosaurier schwer angreifbar. Sie überlebten bis ganz zum Ende der Kreidezeit vor 64 Millionen Jahren.

Knochenschild auf. An der Oberseite des übrigen Körpers, vom Hals bis zur Schwanzspitze, trug das Tier große, knöcherne Kammplatten. Bei jeder Platte lief der Grat in einen kurzen Stachel aus. Seine einzige wirkliche Waffe bestand in einer knöchernen Keule am Schwanzende, die sich mit dem Streitkolben eines mittelalterlichen Ritters vergleichen läßt.

Scolosaurus, ein anderer großer, 3,5 Tonnen schwerer Ankylosaurier, verfügte gleichfalls über einen sehr guten Körperschutz. Sein knöcherner Panzer mit den massiven Knochenspitzen sowie zwei gefährlichen Stacheln auf der gerundeten Schwanzkeule machten Angriffe auf das Tier zu einer höchst riskanten Angelegenheit. Bei weitem der furchtbarste Ankylosaurier war *Palaeoscincus*. An den Kanten seines Panzers standen seitwärts gerichtete, spitze Stacheln, die jede unerwünschte Annäherung erschwerten.

In Anbetracht dieser abschreckenden Panzerung sollte man meinen, daß diese Tiere recht zahlreich gewesen seien. Die Skelettfunde sind jedoch ziemlich selten, und von manchen kennen wir nur ein einziges Exemplar. Alle Ankylosaurier hatten eine schwache Stelle – den Unterleib, zu dessen Schutz sich die Seitenstacheln gebildet hatten. Wenn ein Ankylosaurier auf dem Rücken lag, war er hilflos; dann war sein Knochenpanzer wie ein großer Futtertrog voller Innereien und Körpersäfte, an die ein hungriger Fleischesser mit Leichtigkeit herankam.

Fossile Ankylosaurier werden immer in Rückenlage gefunden. Die aber würde ein Ankylosaurier normalerweise vermieden haben, weil sie ihn viel zu verwundbar machte. Aber man hat zwei mögliche Erklärungen dafür. Die eine: Wenn sie in einen Fluß fielen und ertranken, trieben sie später mit dem Bauch nach oben im Wasser, und als sie schließlich auf eine Sandbank geschwemmt wurden, lagen sie auf dem Rücken. Die andere Möglichkeit ist die, daß manche Fleischesser gelernt hatten, die Tiere zu stellen und umzudrehen. War das Fleisch verzehrt, blieb der harte Panzer unberührt liegen. Das kann sich jedoch nicht sehr häufig zugetragen haben, denn nur wenige der größten Carnivoren waren fähig, diesen Trick zu erlernen und die schweren, massigen Tiere auf den Rücken zu drehen.

Obwohl sich die Ankylosaurier bloß im Schneckentempo bewegten, werden diese langsamen, schwerfällig dahinschlurfenden Dinosaurier in Amerika, Europa und Asien gefunden, was bedeutet, daß sie trotz ihrer Plumpheit doch recht lebenstüchtig gewesen sind.

IGUANODON UND DIE ORNITHOPODEN

Zu den bekanntesten Dinosauriern der Kreidezeit gehörte der pflanzenessende Vogelbecken-Ornithopode *Iguanodon*. 1822 reiste Dr. Gideon Mantell mit seiner Frau per Kutsche von London nach Lewes in Sussex. Als Frau Mantell bei einem Aufenthalt unweit von Cuckfield durchs nahe Gebüsch spazierte, sah sie dort zwei große Zähne aus dem Boden ragen und brachte sie ihrem Gatten. Sie unterschieden sich von allen Zähnen, die Dr. Mantell kannte; deshalb schickte er sie an den bedeutendsten Fachmann der damaligen Zeit, damit er das Tier bestimme. Dieser Experte ordnete sie einem Rhinozeros zu, was aber Dr. Mantell nicht befriedigte. Eines Tages besuchte er einen Freund am Royal College of Surgeons in London. Bei dieser Gelegenheit bekam er ein paar Zähne des Grünen Leguans (*Iguana*) zu Gesicht. Er erkannte sogleich, daß die von seiner Frau gefundenen Zähne enorme Großformen von Leguanzähnen waren, und gab seine Entdeckung eines erloschenen pflanzenessenden Riesenreptils bekannt, das er *Iguanodon*, „Leguanzahn", nannte. In den folgenden fünf Jahren suchte Dr. Mantell aufmerksam nach den Knochen des Leguanzahnsauriers, und tatsächlich wurde dann auch ein Teil des Skelettes entdeckt.

Der Pflanzenesser *Iguanodon* war ein Nachkomme des Vogelbecken-Dinosauriers *Camptosaurus*. Mit seinen 5 m Standhöhe wog er 4,5 t und gehörte in der Kreidezeit zu den häufigsten Bewohnern der Tiefländer. Der erste *Iguanodon* wurde 1822 gefunden. Fünfzig Jahre später entdeckte man die Fossilien einer ganzen Herde in einer alten Schlucht, wo sie vor 100 Millionen Jahren zusammen umgekommen waren.

Man fertigte aus diesen Knochen eine Rekonstruktion an und zeigte sie 1851 auf der Weltausstellung in London. Es befindet sich noch heute im Garten des Londoner Kristallpalastes. Das Modell sieht jedoch dem wirklichen *Iguanodon* überhaupt nicht ähnlich. Es zeigt ein Tier mit einem dicken, stämmigen Rumpf und so gut wie keinem Hals. Die Schnauze trägt einen knöchernen Stachel, den man bei den Knochen gefunden hatte; niemand konnte sich vorstellen, wohin dieser Stachel sonst wohl gehören mochte.

Erst 1878 hatte man genügend Informationen, um ein wirklichkeitsgetreues Lebensbild von *Iguanodon* zu schaffen. In jenem Jahr merkten Grubenarbeiter im belgischen Bernissart eines Tages, daß sie nicht Kohle, sondern fossile Knochen vor sich hatten. Zufällig waren sie auf eine uralte Grube oder Schlucht gestoßen, in die vor Jahrmillionen eine Herde *Iguanodonten* hineingefallen war. Dort also lagen 31 Skelette, alle vollständig erhalten. Durch eine plötzliche Katastrophe waren alle Tiere der Herde umgekommen, die größeren männlichen wie die kleineren weiblichen.

Da die Knochen 322 m unter Tage lagen, erwies es sich als ungemein schwierig, die einzelnen Skelette zu erfassen und unbeschädigt zu bergen, damit man sie droben zusammenfügen konnte. Einige wurden rekonstruiert und im Naturgeschichtlichen Museum zu Brüssel aufgestellt, andere zeigte man so, wie man sie gefunden hatte.

Die Skelette bewiesen ein für allemal, wie *Iguanodon* im Leben ausgesehen hatte. Dieser Dinosaurier lief zweibeinig, war 5 m hoch, etwa 11 m lang und wog bis $4^1/_2$ Tonnen. *Iguanodon* hatte starke Hinterbeine und einen massigen Schwanz, der ihm das Gleichgewicht bewahren

half und überdies eine wirksame Waffe gegen Fleischesser darstellte. Der Knochenstachel, den man ihm auf die Nase gesetzt hatte, erwies sich als die Spitze seines Daumens und trug wahrscheinlich eine scharfe Hornklaue. Welchem Zweck sie diente, wissen wir noch nicht genau, doch könnte sie eine gute Nahkampfwaffe gewesen und auch dazu benutzt worden sein, die Rinde von Bäumen zu schälen oder das Weibchen bei der Begattung festzuhalten.

Iguanodons übrige Finger hatten kleine Hufe; demnach ist das Tier bisweilen vierbeinig gelaufen. Gleichwohl zeigen die meisten gefundenen Fußabdruck-Fährtenspuren *Iguanodon* nur in der zweibeinigen Fortbewegung auf den Hinterbeinen. Die hinteren Hufe waren größer als die vorderen, und wir wissen, daß das Tier auf drei Zehen ging.

Wie schon Mantell erkannt hatte, zählt *Iguanodon* zu den Pflanzenessern. Sein Gebiß bestand aus mehreren Reihen spatelförmiger Zähne. War eine Zahnreihe abgenutzt, begann die nächste zu arbeiten. Der vordere Teil des Kiefers war zahnlos und trug wahrscheinlich einen Hornschnabel. Gleich anderen pflanzenessenden Vogelbecken-Dinosauriern packte *Iguanodon* die Blätter bündelweise mit der langen Zunge, zog sie ins Maul, schnitt sie mit dem Schnabel ab und zerkaute sie mit den Zähnen.

OURANOSAURUS, TENONTOSAURUS UND HYPSILOPHODON

Unter den pflanzenessenden Vogelbecken-Dinosauriern der Unterordnung *Ornithopoda* gab es in der Kreidezeit drei ungewöhnliche Dinosaurier. Der erste, *Ouranosaurus*, wurde kürzlich mitten in der heutigen Sahara gefunden, wo seine Knochen aus dem trockenen Sand ragten. 1975 hat man ihn erstmals beschrieben. Obgleich im wesentlichen wie *Iguanodon* beschaffen, hatte er eine Reihe blattähnlicher Knochenfortsätze längs der Mittellinie des Rückens, die ein langes, schmales Segel bildeten. Bisher hat man nur einen einzigen weiteren Dinosaurier mit einem solchen Segel entdeckt, nämlich *Spinosaurus*. Wie schon gesagt, bewahrte dieses Segel das Tier vor Überhitzung und half ihm, sich am Morgen nach einer kühlen Nacht rasch zu erwärmen. Sowohl der fleischessende *Spinosaurus* als auch der pflanzenessende *Ouranosaurus* stammen aus Nordafrika und lebten wahrscheinlich in einer gleichartigen Umwelt, die sie vor dieselben Probleme stellte. Mit seinem Segel war *Spinosaurus* anderen Dinosauriern gegenüber stark im Vorteil. In demselben Gebiet konnte sich ein Pflanzenesser wie *Ouranosaurus* nur zu solcher Größe entwickeln, wenn er ebenfalls aktiv genug blieb, um dem Beutetod zu entgehen. Ein solches Segel ermöglichte dem Pflanzenesser die Aktivitätsentfaltung eines Fleischessers, ohne dabei allzu warm zu werden. Das wiederum erhöhte seine Fluchtchancen.

Der zweite ungewöhnliche *Ornithopode* stammte aus Nordamerika. *Tenontosaurus* war 8 m lang und eine Tonne schwer. Mehr als die Hälfte seiner Länge entfiel auf den enormen, fast 5 m messenden Schwanz. Gewöhnlich dienten schwere Schwänze dazu, dem Dinosaurier beim Stehen auf den Hinterbeinen ein Gegengewicht zum Körper zu geben. Aber dieser gewaltige, starke Schwanz muß noch eine andere Aufgabe gehabt haben. *Tenontosaurus* gehörte zu den wenigen Sumpfbewohnern unter den pflanzenessenden Vogelbecken-Dinosauriern, und wahrscheinlich half ihm sein Schwanz beim Schwimmen.

Die Vogelbecken-Dinosaurier zeigen während der Kreidezeit so viele Neuentwicklungen, daß es geradezu überrascht, einen ihrer erfolgreichsten Vertreter in einem kleinen Dinosaurier zu entdecken, der weit über 100 Millionen Jahre lang, also von Anfang bis Ende des Zeitalters der Dinosaurier, fast unverändert geblieben ist. *Hypsilophodon*, am besten von der englischen Insel Wight bekannt, war nur 60 cm hoch, 1,5 m lang und wog 67 kg. Wie die allerersten Dinosaurier wies es längs der Mittellinie des Rückens zwei Reihen kleiner Knochenplatten auf.

Als *Hypsilophodon* erstmals gefunden wurde, hielt man es für einen Baumbewohner, zumal es an ein Baumkänguruh erinnerte. Seine große Zehe schien in einem Winkel zu den anderen drei Zehen gestanden zu haben, was bedeuten würde, daß das Tier einen Ast packen konnte, wie es die Menschenhand vermag. Nach neueren Erkenntnissen waren seine vier Zehen jedoch parallel gestellt; ein sicheres Ergreifen und Festhalten war *Hypsilophodon* also nicht möglich.

Nein, *Hypsilophodon* lebte nicht kletternd, sondern behauptete sich als ein fixer Renner. Wie bei allen Schnellläufern im Tierreich waren auch bei ihm die Unterschenkelknochen sehr viel länger als die Knochen der oberen Beinpartie. Sein insgesamt (und besonders an der Spitze) versteifter Schwanz diente als Gleichgewichtsinstrument, so daß *Hypsilophodon* behende springen und sich rasch drehen und wenden konnte.

Hypsilophodon war wahrscheinlich der geschwindeste aller Dinosaurier und hatte solange Bestand, weil es seinen Verfolgern immer entkam. Beim Dahinpreschen hielt es Kopf und Schwanz in gerader Linie gestreckt. Wenn es lediglich umherstrich, um zarte Pflanzen aufzustöbern, reckte es den Kopf wie ein Vogel und wendete ihn an seinem biegsamen Hals hin und her.

Wie alle Vogelbecken-Dinosaurier war *Hypsilophodon* ein Pflanzenesser. Seine Zähne glichen denen *Iguanodons* und hatten besondere Grate zum Zermalmen von Früchten und Blättern. Es hatte einen Hornschnabel, dazu aber – im Gegensatz zu anderen *Ornithopoden* – vorn oben im Mund eine Reihe kleiner Zähne, deren Bestimmung nicht geklärt ist. Zur Nahrungsaufnahme scheinen sie nicht gedient zu haben, denn Blattwerk konnte es mit seinem scharfen Schnabel sehr gut abscheiden.

Ouranosaurus, ein Verwandter von *Iguanodon*, wurde in der Wüste Sahara gefunden. Wie der Fleischesser *Spinosaurus*, der im gleichen Gebiet lebte, hatte er ein langes Rückensegel, das von verlängerten Dornfortsätzen der Wirbelsäule getragen wurde. Damals war die Wüste mit Vegetation bedeckt, doch es war sehr heiß. Das Segel schützte *Ouranosaurus* vermutlich vor Überhitzung.

Hypsilophodon war ein kleiner Vogelbecken-Dinosaurier, nur 60 cm hoch und 67 kg schwer. Dank seiner langen Hinterbeine wird er ein Schnelläufer gewesen sein, und ähnlich wie Strauße und Antilopen hatte er sehr lange Fußknochen. Sein Schwanzende war versteift; beim Rennen half ihm der starre Schwanz, das Gleichgewicht zu halten.

DIE PACHYCEPHALOSAURIER

Diese Familie der Vogelfuß-Dinosaurier *(Ornithopoden)* hat die Wissenschaft lange Zeit vor Rätsel gestellt. Man kennt zwei Gattungen: Pachycephalosaurus und Stegoceras. An Dinosaurier-Maßstäben gemessen, waren die Tiere klein, aber sie hatten oben am Kopf einen enormen, festen Knochenhelm, der aussah wie eine hochgewölbte Stirn.

Unser eigenes, empfindliches Gehirn liegt unter einer nur 1 cm dicken Hirnschale. Stegoceras dagegen, der die Größe eines Mannes erreichte, besaß ein massives knöchernes Schädeldach von der fünffachen Dicke. Dabei hatte sein Gehirn bloß den Umfang eines großen Eies!

Ein so mächtiger Knochenhelm muß einen besonderen Zweck gehabt haben. Einen diesbezüglichen Anhaltspunkt geben uns Tiere wie die Schafe und die Ziegen. Sie leben in Herden, angeführt von ein paar kräftigen Böcken. Das Leittier ist für die männlichen wie die weiblichen Tiere der „Chef"; es beschützt sie vor Gefahren und paart sich mit den besten Weibchen. Um zum Führer aufzusteigen, muß es allerdings zuvor alle anderen männlichen Tiere in der Herde niederkämpfen. Die männlichen Tiere greifen einander an, indem sie ihre Hörner und Köpfe als Sturmböcke („Widder") einsetzen, bis schließlich der stärkste Bock alle Rivalen aus dem Felde geschlagen hat. Oft schüchtert das Männchen mit den größten Hörnern die anderen einfach durch seine imponierende Erscheinung ein. Das Leittier behält diesen Rang, bis es von einem Jüngeren, Stärkeren besiegt wird.

Stegoceras benutzte seinen dicken Schädel genauso. Sein Kopf war auf eine solche Weise an der Wirbelsäule befestigt, daß jeder Anprall gegen die Stirn vom ganzen Körper aufgefangen wurde, ohne dem Tier zu schaden. Die männlichen Tiere, die sich im Kampf maßen, stießen krachend mit den Stirnen zusammen. Wie Widder und Ziegen heute, kämpften sie um den Vorrang in der Herde sowie um das Recht, sich mit den Weibchen zu paaren.

Die Böcke waren wohl gegeneinander recht angriffslustig, aber vor anderen Tieren müssen sie sich sehr gefürchtet haben, da sie Fleischesser nicht wirksam abwehren konnten. Die ganze Kreidezeit hindurch, Jahrmillionen mithin, hatten sie in Nordamerika, Europa und Asien Bestand, weil sie sehr beweglich waren und in gebirgigem, hügeligem Gelände wohnten, wohin ihnen die riesigen Carnosaurier nicht nachzusteigen vermochten.

Skelette von solchen Dinosauriern sind sehr selten; denn im Hochland werden kaum Fossilien gefunden. Die dicken, knöchernen Schädeldächer jedoch waren nahezu unzerstörbar und liegen oft kilometerweit vom eigentlichen Sterbeort des Dinosauriers entfernt in Sedimente eingebettet. Vermutlich wurden die Knochen vom Regen zu Tal geschwemmt und fielen schließlich in einen Fluß, dessen schnelle Strömung sie mitriß. Während des Transports auf

Die dickschädeligen *Pachycephalosaurier* gehören zu den Vogelbecken-Dinosauriern und waren Pflanzenesser. Ihre Schädeldecke war durch eine enorm verdickte und feste Knochenmasse verstärkt. Nach den ersten Fossilfunden glaubten Fachleute, dies sei durch eine Krankheit verursacht gewesen, etwa durch eine Überfunktion der Hirnanhangdrüse. Neuerdings wird jedoch angenommen, daß diese Tiere wie die heutigen Widder und Ziegenböcke ihren Kopf als Sturmbock zum Kämpfen gebrauchten; die dicke Schädeldecke schützte dabei ihr Gehirn. Wenn man zwei fossile Schädel an ihren dicksten Stellen gegeneinander legt, kann man erkennen, daß selbst ein sehr heftiger Zusammenstoß wenig Schaden anrichten konnte. Vermutlich haben die männlichen Pachycephalosaurier um die Führung der Herde miteinander gekämpft, denn die Schädel der Weibchen sind weniger massiv als die der „Böcke"

dem Flußbett wurde der Knochen im Wasser wie ein Kiesel abgeschliffen und poliert. Der Vorfahr der Dickschädler war *Yaverlandia*, ein kleiner Hypsilophodon-Verwandter von der Insel Wight. *Yaverlandia* hatte etwa die Größe eines Truthahns und einen langen, steifen, nach hinten abstehenden Schwanz. Die Anfänge des Knochenhelms zeigen sich bei ihm in Form zweier Knochenverdickungen von etwa 1 cm Stärke oben am Schädel, dicht über den Augenhöhlen.

Sehr viel später hatten sich diese Verdickungen zu *Stegoceras*' großem, rundem Schädeldach mit einem kleinen Knochenkragen dahinter entwickelt. Beim männlichen Dinosaurier war das Schädeldach massiger als beim Weibchen – er hatte ja die Kämpfe auszutragen; beim Weibchen war wiederum der Knochenkragen besser entwickelt.

Als der Riese unter diesen Vogelfuß-Dinosauriern kann *Pachycephalosaurus* aus Kanada gelten. Sein Kopf war dreimal größer als der von *Stegoceras*, sein Knochenhelm um das Fünffache dicker. Auch hatte er am Kopf umfangreiche knöcherne Verzierungen, dazu scharfe Stacheln am Schnauzenende und einen Kranz knopfartiger Auswüchse am Hinterhaupt.

Mehr wissen wir über das Leben und die Gewohnheiten dieser merkwürdigen Dinosaurierfamilie kaum. Jedenfalls sind sie ein weiteres Beispiel für die große Artenfülle der pflanzenessenden Dinosaurier, denen auf vielfältige Weise die Anpassung an das Leben in der Kreidezeit gelang.

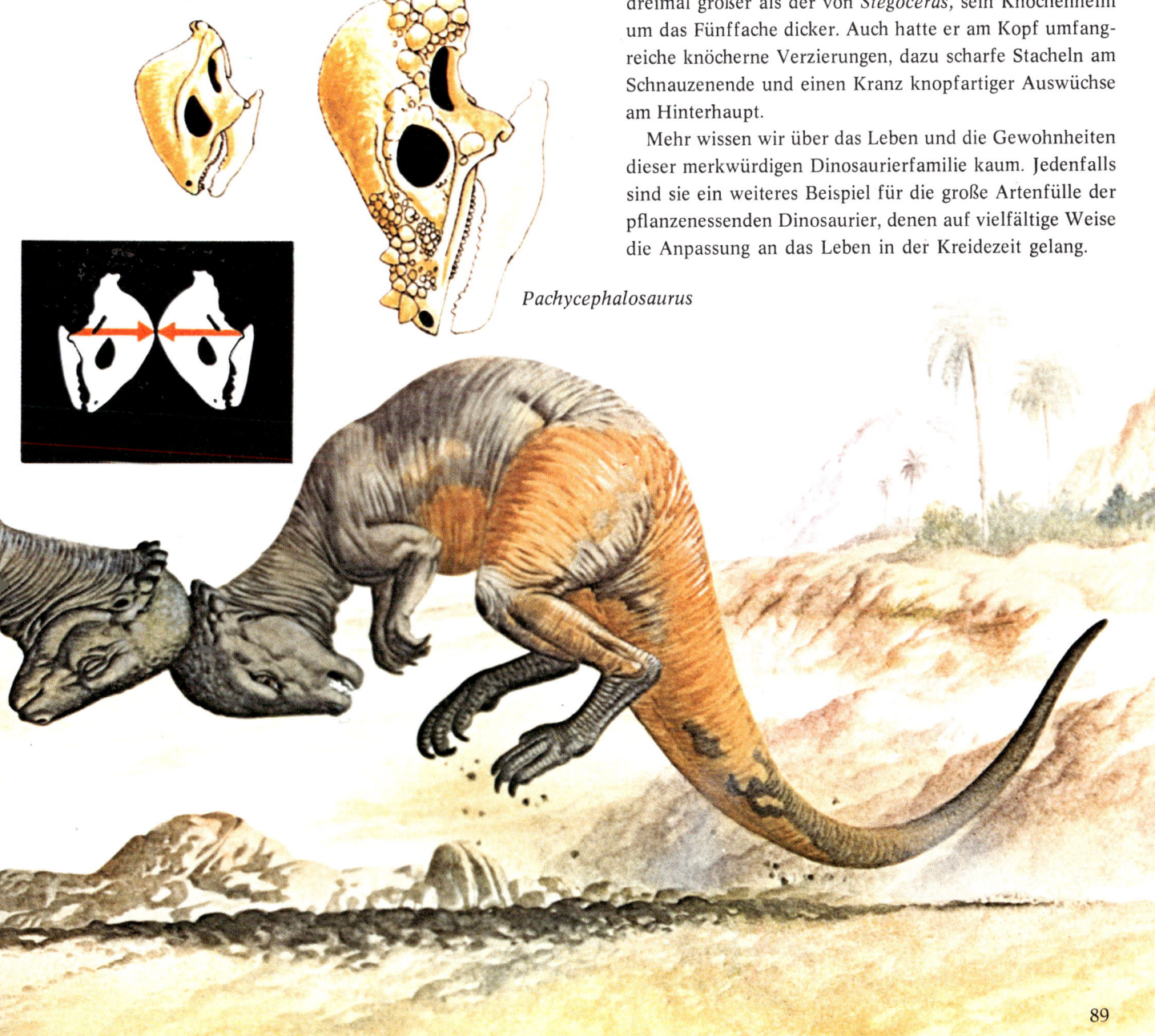

Stegoceras

Pachycephalosaurus

DIE ENTENSCHNABELECHSEN

Die Entenschnabelechsen oder *Hadrosaurier* waren mit Abstand die erfolgreichsten aller Ornithopoden in der Kreidezeit. Als Abkömmlinge des Vogelbecken-Dinosauriers *Camptosaurus* sahen sie ihrem Stammvater im großen und ganzen sehr ähnlich. Sie erreichten eine Länge von 9 m und wogen ungefähr 3 Tonnen. Sie entwickelten aber auch eine Reihe besonderer Merkmale, die sie von allen anderen Dinosauriern unterschieden.

Das auffallendste Kennzeichen – nach ihm hat man sie benannt – sind die am Vorderende verbreiterten und abgeplatteten Kiefer, die an einen Entenschnabel erinnern. Die obere Vorderkante überlappte den Unterkiefer. Wie alle übrigen Ornithopoden hatten sie einen Hornschnabel, mit dem sie Blätter und Früchte von Bäumen und Sträuchern rupften. In sumpfigen Gegenden kappten sie mit dem Hornschnabel Schachtelhalmgewächse.

Das zweite Kennzeichen der Hadrosaurier, ihr Gebiß, war an die neuen, zarten Blütenpflanzen, die in der Kreidezeit erstmals auftraten, in besonderer Weise angepaßt. Die Hadrosaurier besaßen die üblichen muskulösen Backen der Pflanzenesser. Ungewöhnlich war jedoch ihr Gebiß: Sie besaßen mehr als eintausend kleiner, kantiger Zähne, die in vielen dichten Reihen standen und ein breites Pflaster mit scharfen Schneidkanten bildeten. Zwischen diesen oberen und unteren Zahnreihen wurde selbst das festeste Pflanzenmaterial zu winzigen Partikeln zermahlen und konnte dadurch gut aufgeschlossen werden.

Übrigens hatten die Hadrosaurier eine ganz besondere Kautechnik. Zunächst wurden kleine Futterfragmente im Mund zu den Seiten geschoben und in den Backentaschen gesammelt. Wieder und wieder drückten die elastischen Backenmuskeln die Nahrung zwischen die Zähne, bis sie hinlänglich zerkleinert war. Wenn genügend Futtermus in den Backentaschen stak, wurde es mit der Zunge in die Haupthöhle des Mundes zurückgeschaufelt und dann wie gewöhnlich hintergeschluckt.

Daß sich die Zähne durch das Verarbeiten der harten, holzigen Pflanzen allmählich abnutzten, machte den Tieren nichts aus; denn unter jedem Zahn standen mehrere neue, die in Aktion traten, sobald der darüberstehende Zahn abgewetzt war.

Die weiteren besonderen Merkmale des Hadrosaurierskeletts scheinen nur geringfügige Modifikationen für eine etwas andere Lebensweise gewesen zu sein. So wissen wir zum Beispiel, daß sich zwischen ihren Fingern und Zehen Schwimmhäute spannten – man hat mumifizierte Überreste mit der ausgetrocknet erhaltenen Haut daran gefunden. Zwei der vier Finger waren lang und trugen am Ende kleine Hufe; die anderen waren huflos und kürzer. Aus den Schwimmhäuten ersehen wir, daß die Hadrosaurier teils im Wasser gelebt haben, während die Hufe verraten, daß sie auch auf dem Land liefen.

Wie bei den meisten anderen Vogelbecken-Dinosauriern waren die Hinterbeine der Hadrosaurier viel größer und länger als die vorderen Gliedmaßen. Die Hinterfüße hatten nur drei Zehen, alle kleiner als beispielsweise die Zehen von *Iguanodon*. Die mittlere Zehe, die längste, ließ den Fuß wie einen typischen Vogelfuß erscheinen.

Die Schwänze der Hadrosaurier waren seitlich viel stärker abgeplattet als andere Dinosaurierschwänze und sehr steif. Vermutlich konnten sie nicht seitwärts bewegt werden. Ihre Hälse dagegen waren äußerst beweglich. Bei sämtlichen Skeletten ist der Schwanz in einer Linie mit dem Rücken gestreckt und der biegsame Hals zusammengelegt.

Nachdem das Hadrosaurierskelett in der Kreidezeit seine Grundgestalt entwickelt hatte, veränderte es sich nicht mehr nennenswert; wahrscheinlich war es den Lebensbedingungen der Tiere bereits vollkommen angepaßt. Allerdings bildeten sich zwei Knochen an der vorderen Schädelpartie zu allerlei seltsamen, komplizierten Auswüchsen um, an denen sich alle Hadrosaurier-Arten leicht voneinander unterscheiden lassen. Und genau das könnte eine der Funktionen dieser Auswüchse gewesen sein (wir werden gleich darauf zurückkommen), denn bis auf ihre absonderlichen (Haut-)Kämme müssen sich die meisten Hadrosaurier äußerlich sehr ähnlich gesehen haben.

Die Entwicklung der Entenschnabelechsen

Den ersten Hadrosaurier, *Batractosaurus*, kennen wir aus frühkreidezeitlichem Gestein in der Mongolei. Gegen Ende der Kreidezeit, 55 Millionen Jahre später, lebten sie nachweislich in ganz Mitteleuropa und auf dem Balkan, in Kasachstan und Usbekistan, in Ostasien von Laos im Süden bis zur Insel Sachalin im Osten sowie in China und der Mongolei. Am zahl- und artenreichsten waren sie jedoch in Nordamerika, wo ihre Entwicklung mehrere verschiedene Wege ging. Ganz zum Ende der Kreidezeit, als die Landmassen von Nord- und Südamerika miteinander verbunden waren, zogen die Tiere auch auf den Südkontinent.

Ein fast vollständiges Skelett von *Batractosaurus* zeigt alle Grundmerkmale der Hadrosaurier – die Finger und Zehen, den steifen Schwanz, den biegsamen Hals und die mahlkräftigen Zahnreihen – bereits voll ausgebildet. Lei-

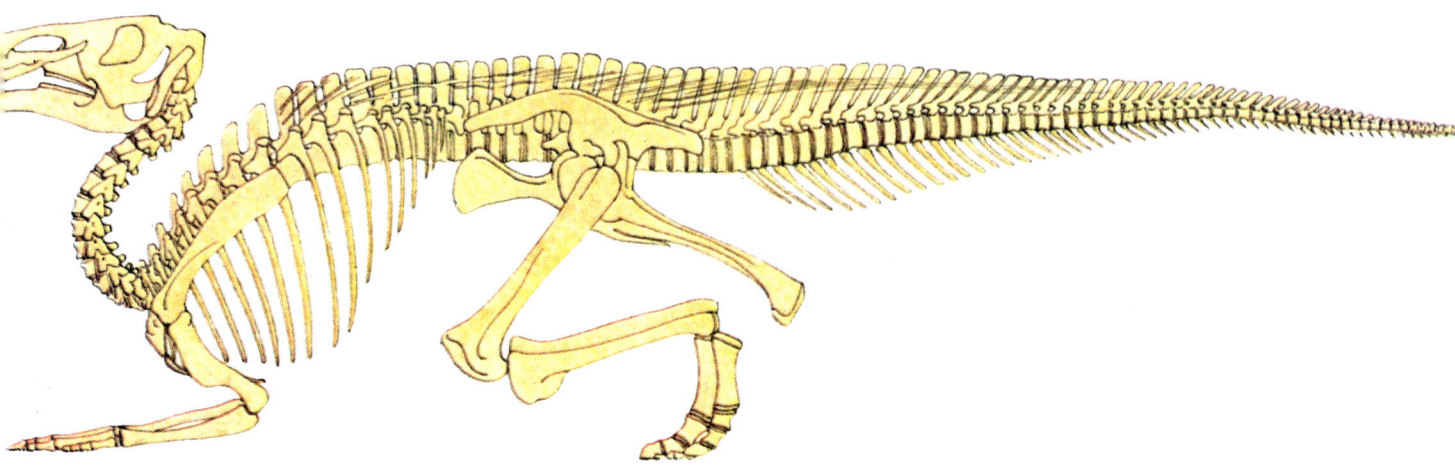

In Nordamerika wurden viele vollständige Skelette von Hadrosauriern gefunden. Ein *Anatosaurus* wurde in der oben gezeigten Stellung gefunden. Hadrosaurier wurden etwa 9 m lang. Ihr Schwanz war an den Seiten stark abgeplattet – damit konnten sie besser schwimmen.

Unten: Wie alle Entenschnabelechsen, lief auch *Anatosaurus* normalerweise auf zwei Beinen. Rückgrat und Schwanz waren ziemlich steif, aber sein Hals war um so beweglicher. An den Vorderfüßen hatte er Schwimmhäute – eine weitere Anpassung an das Schwimmen –, doch trugen zwei Finger kleine Hufe, so daß er sie auch zum Gehen gebrauchen konnte. Obgleich er mehr als 3 Tonnen wog, konnte er sich rasch aufrichten und beim geringsten Anzeichen von Gefahr davonrennen.

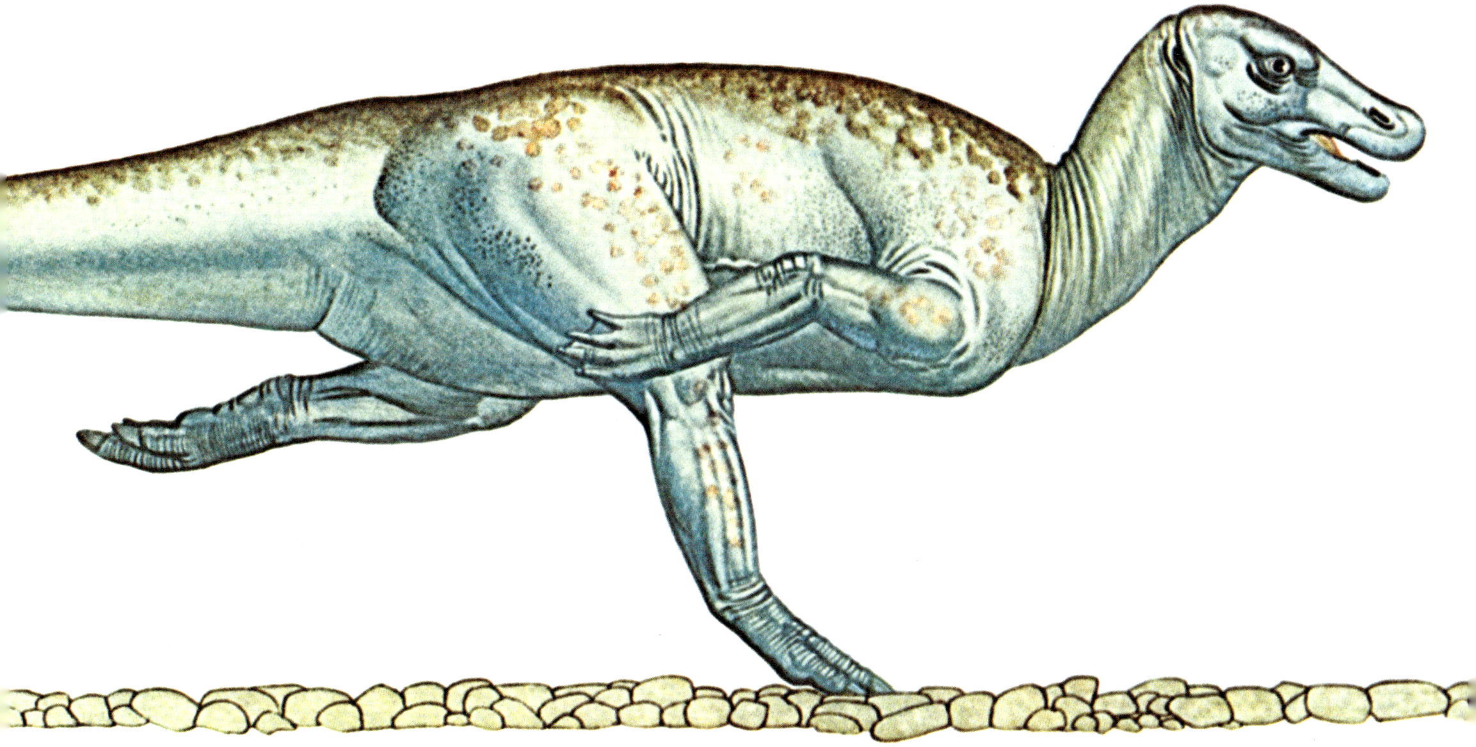

der fand man bisher noch nicht den Vorderteil eines Batractosaurus-Schädels, so daß wir nicht sagen können, wie Schnauze und Kamm ausgesehen haben.

Diejenige Hadrosauriergruppe, die sich in den 40 Millionen Jahren ihres Bestehens am wenigsten gewandelt hat, ist die der niedrigschädligen Hadrosaurier. Von dem ersten dieser Tiere, *Edmontosaurus*, stammt die Gattung *Anatosaurus* mit mehreren verschiedenen Arten ab. Die Hadrosaurier sind die erste Dinosauriergruppe, bei der es möglich wurde, die Verwandtschaftsverhältnisse sämtlicher verschiedener Typen zueinander zu ermitteln und einen genauen Stammbaum aufzustellen.

Die Arten der Gattung *Anatosaurus* hatten keinen Schädelkamm, doch entwickelten sich die Schädel selbst mannigfaltig. Einer zum Beispiel war mit einem enorm langen, flachen Schnabel versehen. Ein anderer wies eine knollenartige Verdickung wie eine Nase auf, die dem Tiergesicht einen menschlichen Zug verlieh.

Anatosaurus überlebte die meisten großen Kamm-Hadrosaurier. Wir wissen aus der Fossilgeschichte, daß dergleichen oft vorkommt. Die Tiere, die sich stark spezialisieren, sind offenbar eine Zeitlang erfolgreich, doch häufig haben urtümlichere Formen dann doch länger Bestand als sie.

Die zweite Hauptgruppe bilden die Hadrosaurier mit dem festen Knochenkamm. Sie stammen von einem nahen Verwandten des niedrigschädligen *Edmontosaurus* ab, dem *Prosaurolophus*. *Prosaurolophus* selbst ist kein Kamm-Dinosaurier, wiewohl sein Schädel die Anfänge eines Knochenkamms zeigt. Den ersten, richtigen festen Knochenkamm hat der Dinosaurier *Saurolophus*, einer der wenigen Hadrosaurier, der sowohl in Asien (in der Mongolei) als auch in Nordamerika gefunden wird.

Alle Knochenkämme der Hadrosaurier sind aus Verlängerungen oder Auswüchsen von Kiefer- und Nasenknochen gebildet. Beim *Saurolophus* ragt der Knochenkamm hornartig über den Hinterrand des Schädels, bei der mongolischen Art folgt er der Schnauzenlinie, während er bei der amerikanischen leicht nach oben gebogen ist.

Zwei Hadrosaurier mit festen Kämmen, *Tsintaosaurus* aus China und *Brachylophosaurus* aus Kanada, bezeugen die extremen Entwicklungen dieser Dinosauriergruppe, *Tsintaosaurus* hatte einen langen Stachel, der nach vorn gebogen war und zu einer brauchbaren Waffe wurde. *Brachylophosaurus* dagegen besaß nur einen winzigen, kaum sichtbaren Stachel oben auf dem Kopf.

Als dritte Gruppe entwickelten sich die Hohlkamm-Hadrosaurier. Die ersten Vertreter waren *Procheneosaurus* und *Cheneosaurus*, die kleinsten aller Hadrosaurier, deren Schädellänge statt der normalen 90 cm nur 30 cm betrug. Ihre Kämme standen über und bisweilen zwischen den Augen. Der Hauptunterschied zwischen diesen und den früheren Hadrosauriern ist der erwähnte hohle Kamm. Es gab verschiedene Arten der Gattung *Procheneosaurus*, die alle an ihren abweichenden Kammformen unschwer zu erkennen sind.

Die größeren Hohlkamm-Hadrosaurier brachten es zu den ausgefallensten Kopfverzierungen. *Corythosaurus* hatte einen seitlich abgeflachten, helmförmigen Schädelkamm, der die Schädelhöhe verdoppelte und mitunter einen Knochenstachel am Ende trug. Auch hier wieder unterscheiden sich die Arten nach ihren besonderen Kammformen, von denen manche symmetrisch, andere oben unregelmäßig gestaltet waren.

Lambeosaurus ähnelte *Corythosaurus*. Sein Kamm sprang in Augenhöhe vor und wies am Hinterende stets einen kompakten Knochenstiel auf. Bei einem Artverwandten, *Lambeosaurus magnicristatus* („mit dem großen Kamm"), war der Kamm größer als der ganze übrige Schädel.

Den abenteuerlichsten Kamm aber hatte *Parasaurolophus*. Er ragte ein gutes Stück über das Hinterhaupt hinaus und faltete sich dann bis über die Augen zurück. Manchmal erreichte der Kamm die anderthalbfache Schädellänge, und bei einem der gefundenen Exemplare beträgt der Abstand zwischen Schnauzenspitze und Kammende zwei Meter.

Theorien über Hadrosaurierschädel

Da sich bei so vielen Arten hohle Kämme entwickelt haben, ist anzunehmen, daß diese Bildungen den Hadrosauriern im Überlebenskampf nützlich waren. Über den wirklichen Zweck dieser seltsamen Nasenauswüchse hat es viele Auseinandersetzungen gegeben. Am verbreitetsten war die Meinung, der hohle Knochenkamm diente den Hadrosauriern unter Wasser ähnlich wie der Sauerstoffbehälter dem Taucher als Luftspeicher. Wie das funktioniert haben soll, läßt sich indessen schwer vorstellen, denn die Kämme konnten nicht viel Luft auf einmal aufnehmen, und sicherlich nicht genug, um die Lungen zu füllen. Kein anderes luftatmendes Wassertier hat einen ähnlichen Kopfschmuck für diesen Zweck entwickelt, und so wird er bei den Hadrosauriern wohl doch einen anderen Grund gehabt haben. Erst kürzlich konnten Wissenschaftler diese Frage befriedigend beantworten.

Die Schädel vieler Hohlkamm-Hadrosaurier sind so gut erhalten, daß man ihren inneren Bau bis in winzige Einzelheiten studieren kann. Wie sich bei gründlicher Untersuchung zeigte, waren die Kämme nicht einfach lufthaltige Hohlknochen, sondern von vielen komplizierten Nasengängen durchzogen. Beim frühesten Hohlkamm-Hadrosaurier, *Procheneosaurus*, reichen die Nasengänge bis zu den Augen, biegen dann nach vorn ab und treten in die Haupthöhle des Kammes ein. Nach vielen Schleifen verbinden sie sich schließlich mit der in die Lungen hinunterführenden Luftröhre. Je komplizierter die Kämme werden, desto verwickelter wird auch der Weg der Nasengänge, die

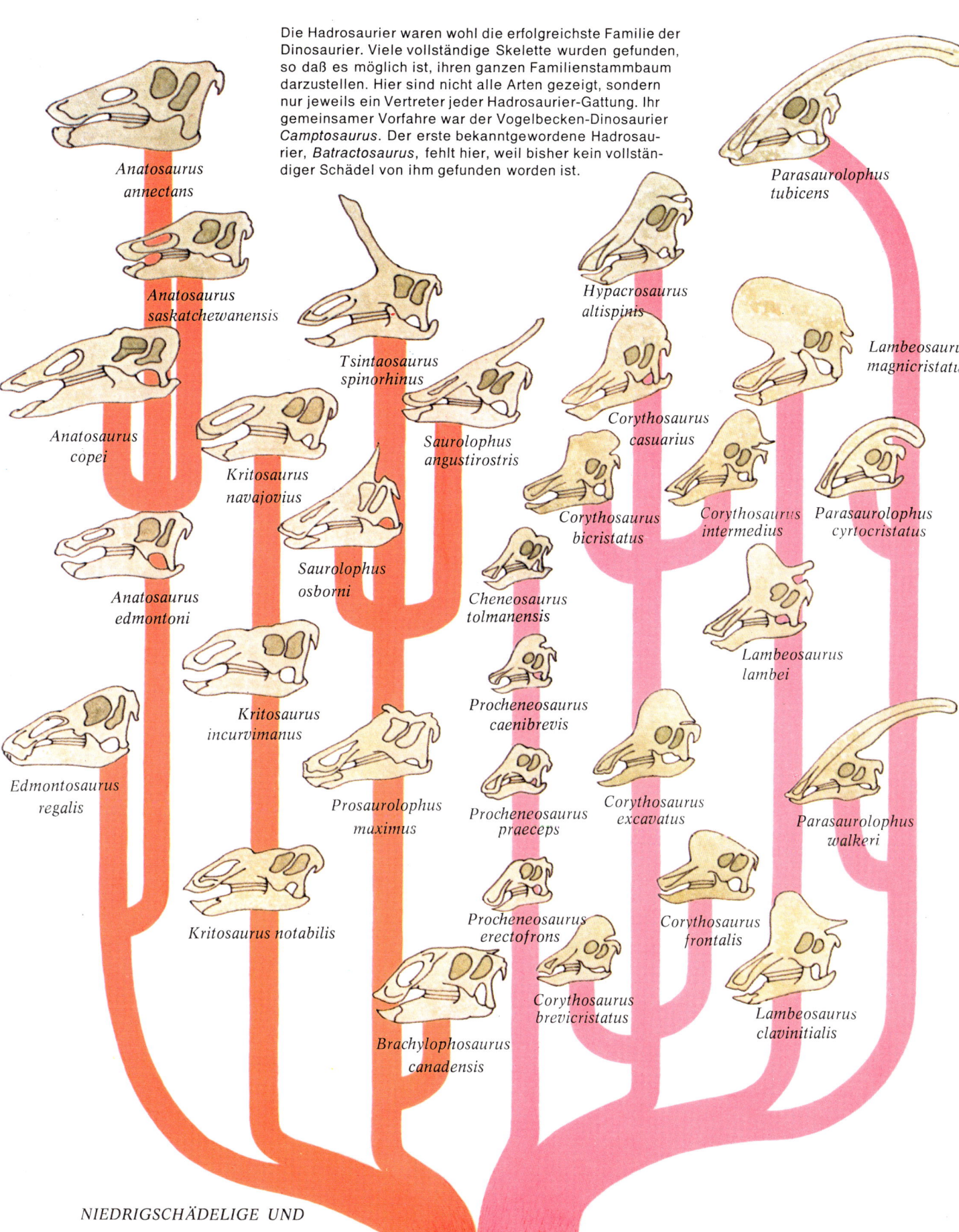

manchmal erst direkt bis zur Kammspitze und von dort zurück zum Schädeldach verlaufen.

Die Nasengänge werden mit weichem Gewebe ausgekleidet gewesen sein, aber das blieb natürlich nicht erhalten. Heutigen Säugern dient das weiche Gewebe in der Nase zum Reinigen und Filtern der Atemluft sowie dazu, sie vor dem Einspeisen in die Lungen zu erwärmen und zu befeuchten. Bei einigen unserer auf Sandböden lebenden Echsen verlaufen die Nasengänge wie bei einem Hadrosaurier zunächst nach oben, bevor sie in die Luftröhre hinabführen. Sie helfen verhindern, daß Sand in die Lungen dringt. Die Hadrosaurier nun steckten wahrscheinlich nicht den Kopf in den Sand, doch wenn sie Blätter und Köpfe von Blütenpflanzen abrupften, mag aufstäubender Pollen in die Luft gelangt sein, der ihnen zu schaffen gemacht hat.

Indessen ist es höchst unwahrscheinlich, daß die komplizierten Kämme der Hadrosaurier nur entstanden sind, um die Tiere vor dem Heuschnupfen zu bewahren. Viel wahrscheinlicher dienten sie dem Geruchssinn. Die weichen Gewebe enthielten spezielle Riechmembranen, und da die Nasengänge so lang und windungsreich waren, muß die Gewebeoberfläche beträchtlich gewesen sein und den Geruchssinn der Tiere erheblich verstärkt haben.

Die Gehirnform des Hadrosauriers scheint diese Überlegungen zu bestätigen. Abgüsse der ausgehöhlten Gehirnschädel zeigen die Ausbildung des Gehirns, die Ein- und Austrittsstellen der verschiedenen Nerven und die Größe der Gehirnabschnitte. An Abgüssen der Gehirnschädel von Hohlkamm-Hadrosauriern wird deutlich, daß der Riechhirnabschnitt wahrscheinlich in den Boden der Kammhöhle gepaßt hat. Da das Nervennetz dort in engem Kontakt mit den empfindlichen Riechzellen der Nasengänge stand, dürfte der Geruchssinn der Hadrosaurier besonders fein gewesen sein.

Mutmaßlich fungierten die Kämme auch als Erkennungszeichen für Artgenossen. Viele heutige Tiere, die einander ähnlich sehen, benutzen derartige Signale. So haben zum Beispiel viele Möwenarten unterschiedlich gefärbte Augenringe, die ihnen die Wahl eines artgleichen Partners und den Jungen das Wiedererkennen der Eltern erleichtern.

Diesen Zweck konnten die Kämme jedoch nur unter der Voraussetzung erfüllen, daß die Hadrosaurier über ein gutes Sehvermögen verfügten. Und nach den Augenhöhlen der gefundenen Skelette ist das anzunehmen. Die Hadrosaurier hatten etwa 10 cm große Augen, die ihnen eine Weitwinkelsicht ermöglichten, und einen großen, leistungsfähigen Sehnerv.

Hadrosaurier konnten also gut sehen und riechen. Lange wußte man jedoch nicht, ob sie – oder irgendwelche anderen Dinosaurier – auch ein Gehör hatten. Der Grund für diese Unkenntnis lag darin, daß die Mittelohrknochen, die den Schall übertragen, sehr fein waren und normalerweise nicht mit dem übrigen Schädel erhalten blieben. Indessen hat man jetzt einen *Corythosaurus*-Schädel mit einem in-

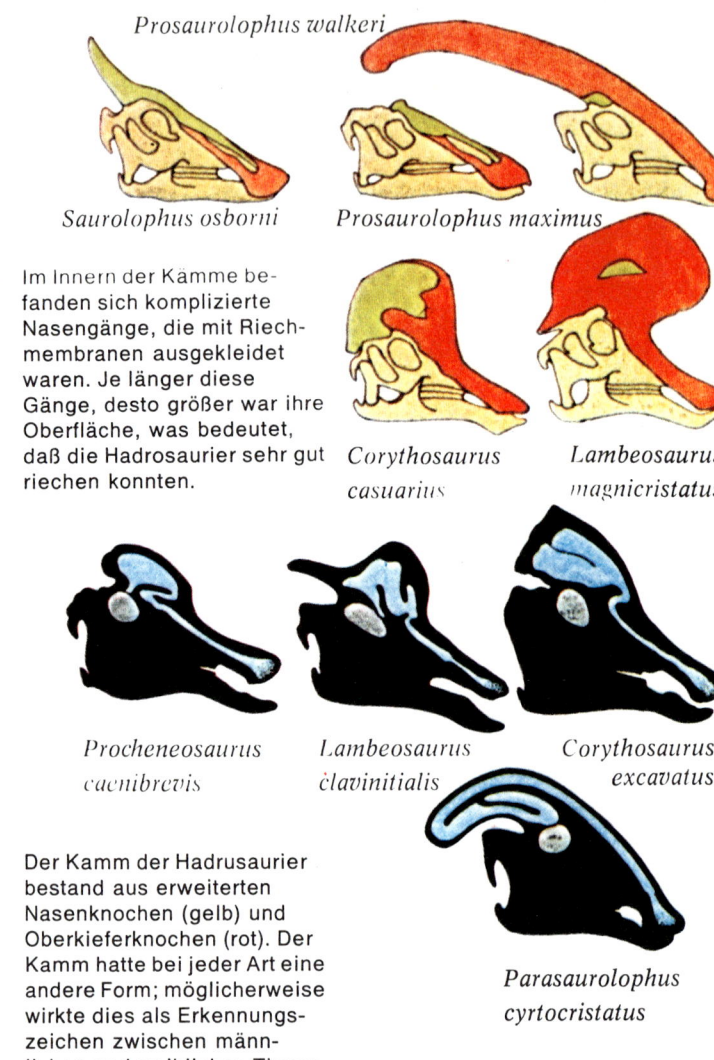

Im Innern der Kämme befanden sich komplizierte Nasengänge, die mit Riechmembranen ausgekleidet waren. Je länger diese Gänge, desto größer war ihre Oberfläche, was bedeutet, daß die Hadrosaurier sehr gut riechen konnten.

Der Kamm der Hadrusaurier bestand aus erweiterten Nasenknochen (gelb) und Oberkieferknochen (rot). Der Kamm hatte bei jeder Art eine andere Form; möglicherweise wirkte dies als Erkennungszeichen zwischen männlichen und weiblichen Tieren und ihren Jungen.

takten Gehörknochen gefunden. *Corythosaurus* war ein 9 m langer, also recht großer Hadrosaurier, aber der schallleitende Knochen war nur 5 cm lang und an seiner dicksten Stelle 2,5 mm stark. Ein so zierlicher Knochen muß sehr schwingungsempfindlich gewesen sein und beweist, daß die Hadrosaurier gut hörten.

Es bleibt die Frage, ob die Hadrosaurier Töne erzeugen konnten. Die einzigen jetzt lebenden Reptilien, die es vermögen, sind die Krokodile. In der Paarungszeit geben sie ziemlich starke Töne von sich. Krokodile gehören zu derselben Ordnung wie die Dinosaurier, nämlich zu den Archosauriern; obwohl sie bis in unsere Tage überlebt haben, sind sie primitiver als die Dinosaurier. Die Hadrosaurier waren weit höher entwickelte Reptilien und werden die Fähigkeit, sich miteinander durch Töne zu verständigen, gewiß nicht verloren haben.

Es läßt sich nicht feststellen, was für Geräusche sie hervorbrachten, aber es gilt als sicher, daß sie keine stummen Tiere waren. Wo immer sie auftauchten, war die Luft gewiß erfüllt vom Brüllen und Grunzen lautgebender Dinosaurier.

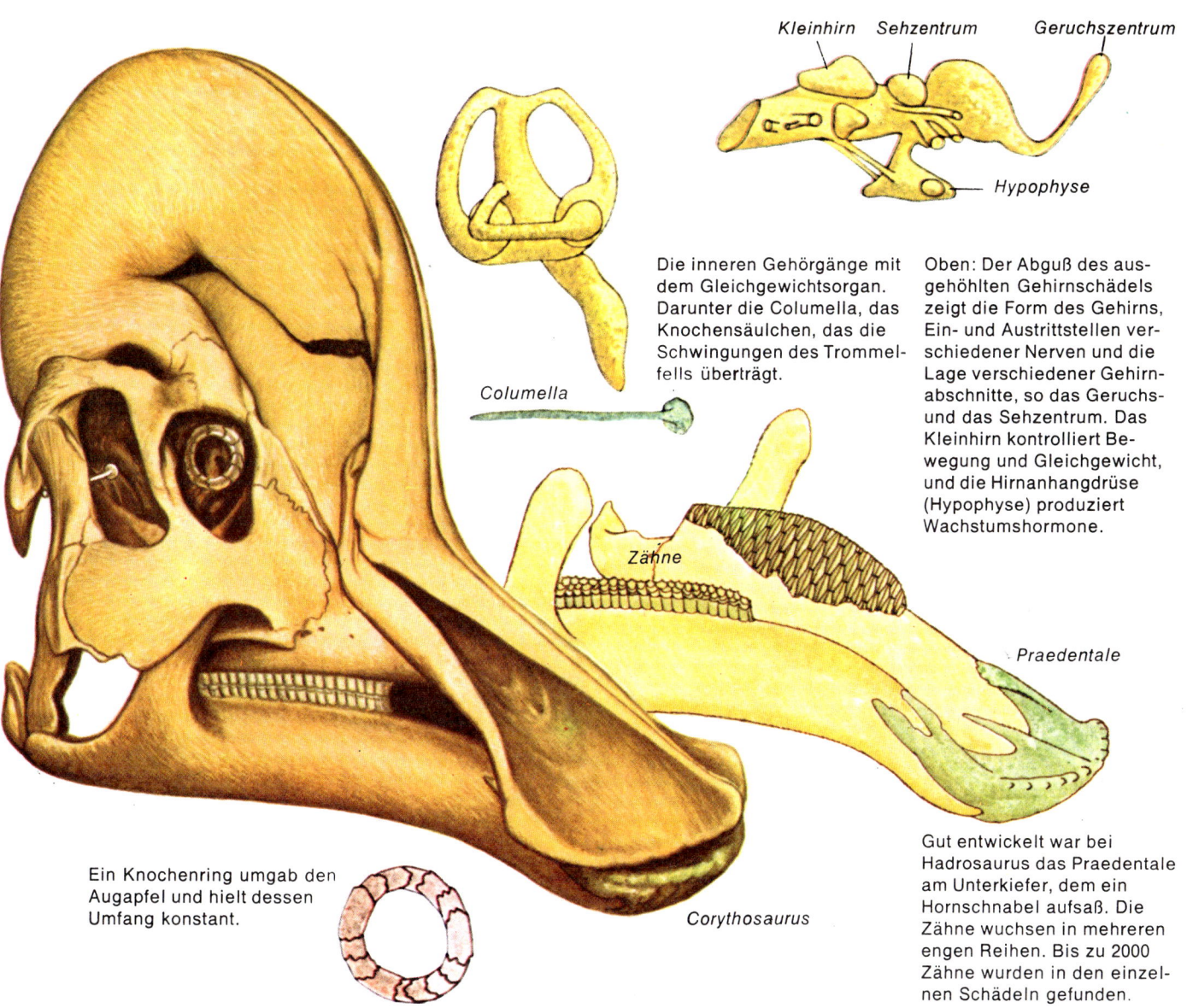

Die inneren Gehörgänge mit dem Gleichgewichtsorgan. Darunter die Columella, das Knochensäulchen, das die Schwingungen des Trommelfells überträgt.

Oben: Der Abguß des ausgehöhlten Gehirnschädels zeigt die Form des Gehirns, Ein- und Austrittstellen verschiedener Nerven und die Lage verschiedener Hirnabschnitte, so das Geruchs- und das Sehzentrum. Das Kleinhirn kontrolliert Bewegung und Gleichgewicht, und die Hirnanhangdrüse (Hypophyse) produziert Wachstumshormone.

Ein Knochenring umgab den Augapfel und hielt dessen Umfang konstant.

Gut entwickelt war bei Hadrosaurus das Praedentale am Unterkiefer, dem ein Hornschnabel aufsaß. Die Zähne wuchsen in mehreren engen Reihen. Bis zu 2000 Zähne wurden in den einzelnen Schädeln gefunden.

Wie die Hadrosaurier lebten

Die Entenschnabelechsen waren gegen Ende der Kreidezeit arten- und zahlreicher als alle anderen Dinosaurier. Dennoch ist ihr Erfolg im Tierreich schwer zu erklären. Sie erscheinen uns als die hilflosesten aller Dinosaurier, preisgegeben den Angriffen der starken Fleischesser. Schnell rennen konnten sie ihres Gewichts wegen nicht, und sie besaßen weder scharfe Klauen oder Krallen noch Abwehrstacheln wie die Ankylosaurier. Da mag ihnen ihr feiner Geruchssinn geholfen haben. Bei günstig stehendem Wind konnten sie nahende Räuber schon aus großen Entfernungen bemerken und ins Wasser flüchten.

Vieles von dem, was man über ihre Lebensweise in Erfahrung gebracht hat, klingt widersprüchlich. Ihre Skelette waren an das Leben im Wasser angepaßt. Der lange, schmale Schwanz war ideal zum Schwimmen, und Schwimmfüße wären für ein gänzlich auf dem Land lebendes Tier nutzlos gewesen. Aber ihre Zähne waren für das Zermahlen und Zermalmen härterer Landpflanzen eingerichtet. Wenn sie hauptsächlich weiche Wasserpflanzen verspeist hätten, wären ihre hochentwickelten Kiefer und Zähne überflüssig gewesen.

Wie fossile Mageninhalte zweifelsfrei beweisen, aßen sie Landpflanzen. Die gefundenen Kiefernnadeln, Zweigstücke und Überbleibsel von Samen und Früchten zeigen, daß sich die Hadrosaurier von den härtesten modernen Landpflanzen ernähren konnten und auch ernährt haben. Viele der vollständig vorliegenden Skelette sind „mumifiziert", was nur unter trockenen Umweltbedingungen möglich war, und die Gesteine, in denen sie angetroffen werden, scheinen nicht in Sümpfen und Marschen, sondern in offenen Ebenen entstanden zu sein. Fünfundneunzig Prozent der in denselben Gesteinen entdeckten fossilen Pflanzen sind Landpflanzen, und nur fünf Prozent stammen aus dem Wasser.

Vielleicht waren die Hadrosaurier Sumpfbewohner, die gelegentlich zum Essen trockneres Gelände aufsuchten. Das würde erklären, weshalb in Gegenden, wo die Hadrosaurier üppig gediehen, keine halbaquatisch lebenden Sauropoden vertreten sind. Nach Ansicht mancher Leute benutzten die Hadrosaurier die Schwimmschwänze und

-häute an den Füßen nur, um vor Räubern zu flüchten; die meiste Zeit aber brachten sie auf dem Land zu. Es ist jedoch unwahrscheinlich, daß eine Tiergattung über Jahrmillionen mit Schwimmschwänzen und Schwimmhäuten überlebt, wenn sie diese nur dazu benutzt, bei drohender Gefahr ins Wasser zu flüchten.

Nur eine Erklärung scheint diese Widersprüche aufzulösen: Die Tiere lebten im Wasser, wenn sie jung waren, und zogen später aufs trockene Land. Die Dinosauriermutter legte ihre Eier nahe beim Wasser ab. Wenn die Jungen ausschlüpften, begaben sie sich flugs in die Sicherheit der Sümpfe. Dort verbrachten sie einige Jahre in schwimmender Lebensweise, unbehelligt von den gefährlichen fleischessenden Dinosauriern, die auf dem Land lebten. Mit ihrem Schwimmschwanz und ihren Schwimmfüßen konnten sie sich im feuchten Element gut bewegen, und die weichen Wasserpflanzen waren für die Jungtiere wohl die geeignete Nahrung.

Wenn sie älter wurden, wagten sie sich weiter vom Gewässer weg und verzehrten nun auch zäheres Pflanzenmaterial, dem ihre Zähne jetzt gewachsen waren. Der Schwimmschwanz bildete ein wirksames Gegengewicht, wenn sie sich auf die Hinterbeine stellten, um an Baumäste zu gelangen. Dank der kleinen Finger- und Zehenhufe konnten sie auf dem Land ohne Schwierigkeiten laufen.

Für die Richtigkeit dieser Deutung gibt es noch einen Anhaltspunkt: Nie hat man junge Hadrosaurierskelette an derselben Stelle wie die erwachsener Tiere gefunden. Es scheint also nahezu gewiß, daß sie in einer anderen Umwelt aufwuchsen.

Parasaurolophus' großer Hohlkamm war von der Schnauze gerechnet 2 m lang. Wie andere Hadrosaurier lebten die erwachsenen Tiere vermutlich an Land, während die Jungen im Wasser aufwuchsen und dort ihre Schwimmhäute und den Schwimmschwanz gut gebrauchen konnten.

HORNDINOSAURIER

Als letzte Dinosauriergruppe entwickelten sich die Horndinosaurier, die Ceratopsia. Sie hatten die verschiedensten Nackenschilde sowie über den Augen und auf der Schnauze große, scharfe Hörner.

Die Ahnen der Ceratopsia waren pflanzenessende Ornithopoden; man fand sie in der Mongolei. Am bekanntesten ist *Psittacosaurus* („Papageien-Reptil"), so benannt nach seinem papageienähnlichen Hakenschnabel. *Psittacosaurus* sieht überhaupt nicht wie ein Ceratopside aus, aber die schwache Andeutung eines Knochenschildes hinten am Schädel zeigt, daß er wahrscheinlich der Vorläufer der echten Nackenschilddinosaurier war.

Psittacosaurus, ein kleines Tier, erreichte kaum eine Länge von 2 m. Doch verglichen mit dem leicht gebauten, behenden *Hypsilophodon*, das ungefähr dieselbe Länge hatte, war *Psittacosaurus* für seine Größe doch recht schwer gebaut. Sein Skelett verrät uns, daß er gewöhnlich wie die meisten anderen Ornithopoden auf den Hinterbeinen ging. Doch sehen die kräftigen Vorderbeine nicht sehr greiftüchtig aus und wurden wohl ebenfalls zum Laufen benutzt. *Psittacosaurus* ist besonders interessant, weil er auf halbem Wege zwischen den typischen zweibeinigen Ornithopoden und den neueren vierbeinigen Horndinosauriern (Ceratopsia) steht: Er selbst konnte sich zweibeinig ebenso gut fortbewegen wie vierbeinig.

Fraglich ist unter anderem, wie es *Psittacosaurus* gelang, nicht nur zu überleben, sondern viele neue Formen hervorzubringen. Das kleine Reptil war langsam und konnte sich überhaupt nicht verteidigen. Der Knochenschild, der später an den Schädeln seiner Nachfahren wuchs, entstand nicht zum Schutz, sondern aus einem ganz anderen Grunde.

Zu Anfang der Kreidezeit gerieten die Dinosaurier in eine ernste Ernährungskrise. *Psittacosaurus* veranschaulicht, wie sie sich auf die Veränderungen im Pflanzenleben einzustellen begannen. Neue, härtere Pflanzen verdrängten die weichen Farne und Binsen der Jurazeit; wenn die pflanzenessenden Dinosaurier überleben wollten, mußten sie sich an die neue Flora anpassen. Zunächst bildete sich ein schärferer Schneidschnabel heraus, dann kamen mehr Kiefermuskeln hinzu, und die Kiefer wurden stärker und konnten besser ziehen und zubeißen.

Beim ersten echten Horndinosaurier *Protoceratops* gin-

Psittacosaurus, ein pflanzenessender Ornithopode aus der Mongolei, war der Vorläufer der Horndinosaurier, die sich als letzte Gruppe der Dinosaurier entwickelt hat. *Psittacosaurus* war 2 m lang und ziemlich massig gebaut. Er hatte einen papageienähnlichen Schnabel und einen kleinen Knochenschild hinten am Schädel. Sein Skelett verrät, daß er gewöhnlich nur auf den Hinterbeinen ging, aber auch auf allen vieren laufen konnte. Seine Nachkommen wurden immer größer und schwerer und liefen darum immer auf vier Beinen.

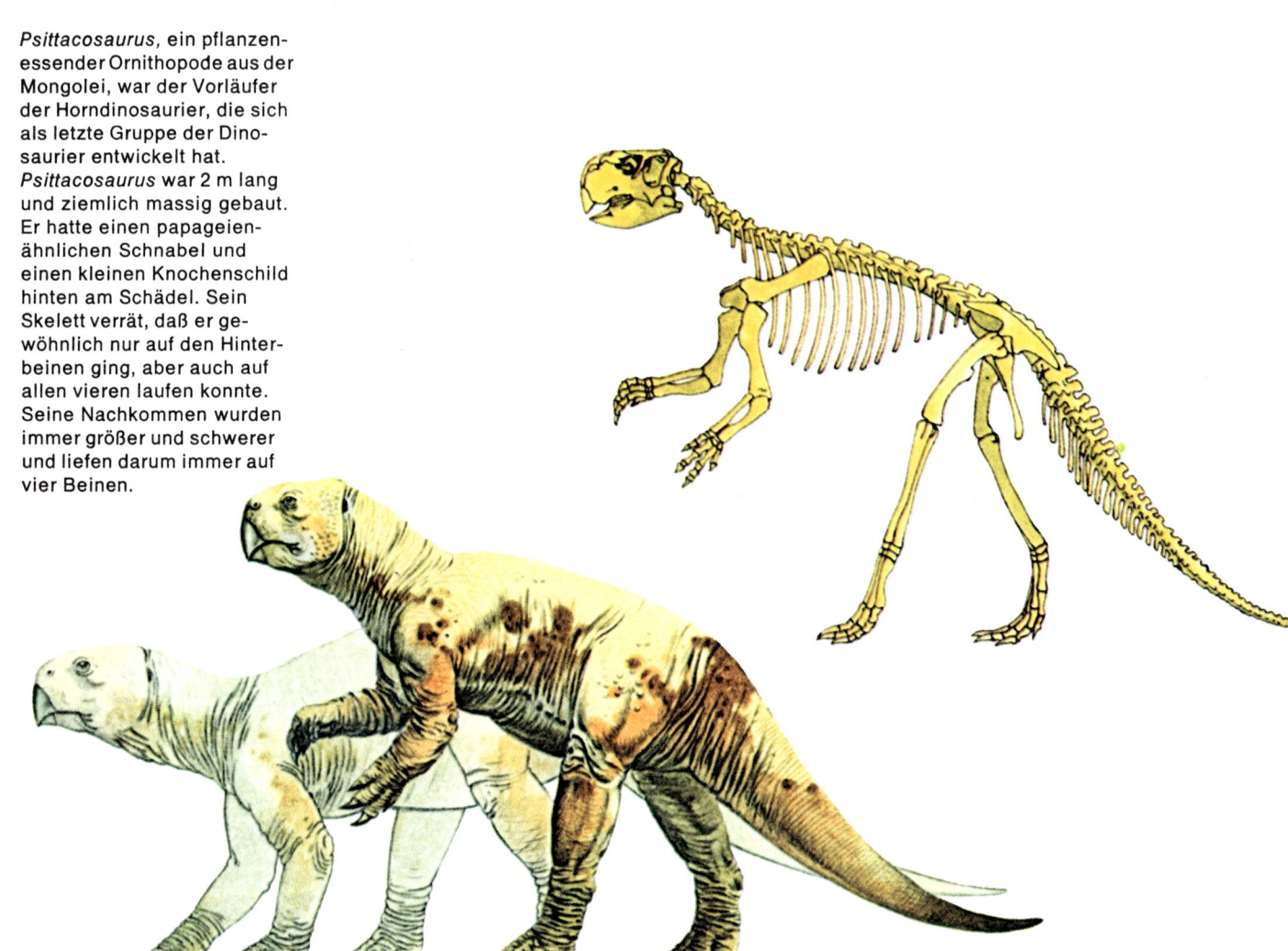

gen diese Entwicklungen weiter voran. Bislang nur aus der Mongolei bekannt, ist *Protoceratops* der unmittelbare Vorfahr aller späteren Ceratopsia, an die er äußerlich schon in manchem erinnert. Wie *Psittacosaurus* war er ungefähr 2 m lang, hatte jedoch einen kürzeren Schwanz und einen im Vergleich zum Körper großen Kopf. Er konnte überhaupt nicht mehr aufrecht auf den Hinterbeinen gehen. Alle vier Beine hatten sich verkürzt. Mit seiner Hüfthöhe von nur 75 cm kaum größer als ein großer Hund, dabei aber fast 2 Tonnen schwer, war *Protoceratops* alles in allem ein viel gedrungeneres Tier als *Psittacosaurus*. Aber er hatte einen entschieden kräftigeren, dabei schmaleren und schärferen Schnabel. Seine Zähne waren länger und schärfer geworden; er mußte ja mit härteren Nahrungspflanzen vorliebnehmen. Am Hinterhaupt saß ein richtiger Knochenschild.

Bei eingehender Betrachtung des Schädels gewinnt man den Eindruck, der Schild habe in erster Linie den verwundbaren Hals schützen sollen. In Wahrheit steckte er voller massiger Kiefermuskeln, kraft derer das Tier mächtig zubeißen konnte; aber irgendwelchen Schutz bot er ihm nicht. *Protoceratops* war noch verwundbarer als *Psittacosaurus*; dennoch hatte die Art weiterhin Bestand. Wir wissen, daß er sich von sehr harten Pflanzen ernährte – er muß eine neue Futterquelle in Gegenden entdeckt haben, wo ihm keine fleischessenden Dinosaurier auflauerten.

Protoceratops aß weder Blätter noch Früchte, denn seine Zähne eigneten sich zum Zerschneiden, nicht zum Zermalmen von Nahrung. Zwar wuchsen schon moderne Pflanzen, aber mit denen wurden sein scharfer Schnabel und seine wie Scheren arbeitenden „Zahnbatterien" nicht fertig. Was hat er also verzehrt?

In der zweiten Hälfte der Kreidezeit hatten sich Palmen ausgebreitet. Ihre großen, blättrigen Wedel waren außerordentlich faserreich und zäh, und nur ein Tier mit sehr kräftigen, schneidetüchtigen Zähnen und Kiefern konnte sie hinlänglich zerkleinern. Als erste Dinosaurier kamen die Ceratopsia mit dieser Pflanzennahrung zurecht, die viel härter war als die Schachtelhalme, von denen die anderen Ornithopoden lebten.

Die Palmen boten *Protoceratops* auch eine relativ sichere Umwelt. Sie bildeten niedrige Wälder mit dicht beieinanderstehenden Stämmen, an deren Spitzen strahlenförmig große Wedel wuchsen. Die Bäume wurden nicht sehr hoch,

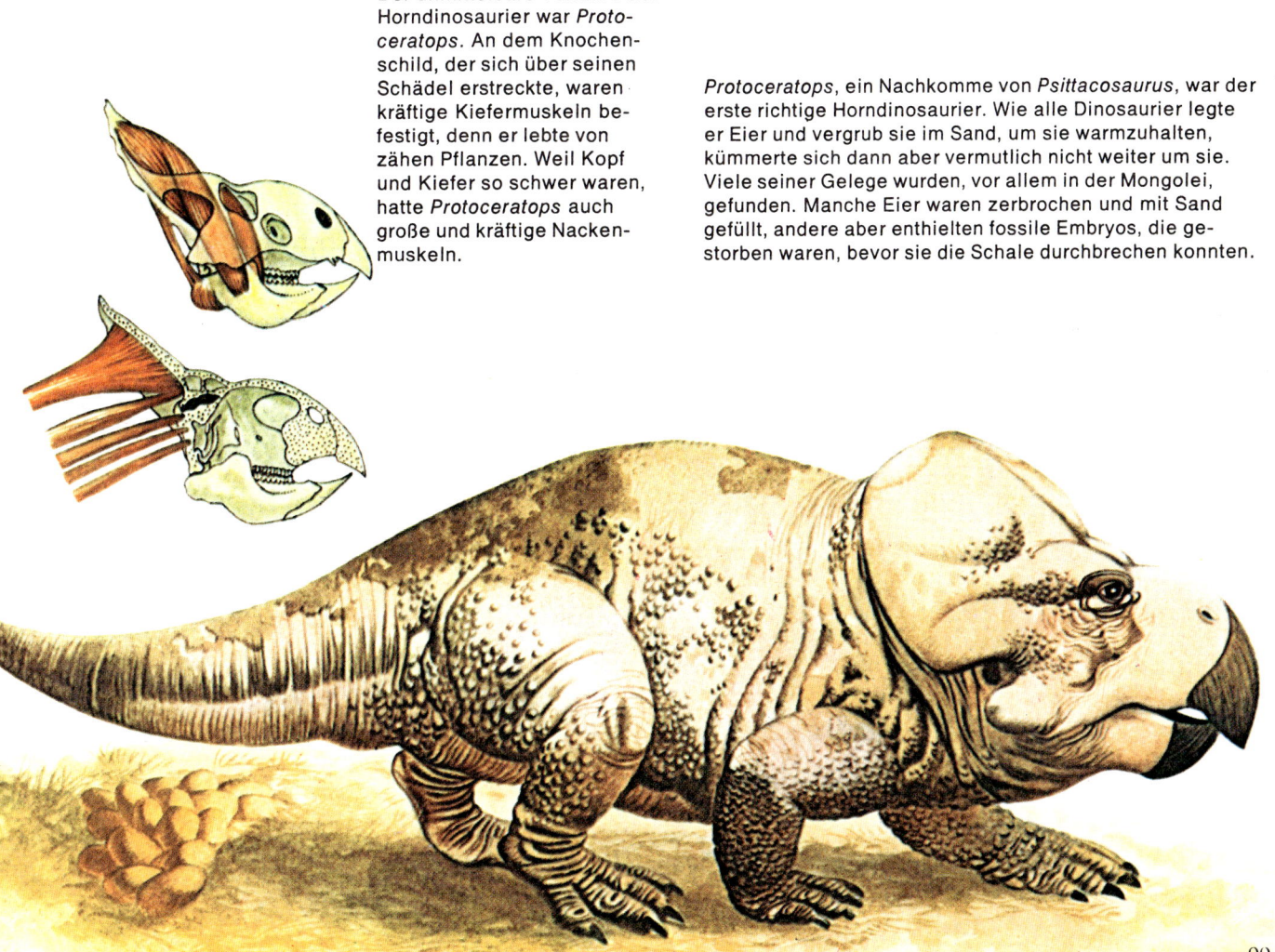

Der unmittelbare Vorfahre der Horndinosaurier war *Protoceratops*. An dem Knochenschild, der sich über seinen Schädel erstreckte, waren kräftige Kiefermuskeln befestigt, denn er lebte von zähen Pflanzen. Weil Kopf und Kiefer so schwer waren, hatte *Protoceratops* auch große und kräftige Nackenmuskeln.

Protoceratops, ein Nachkomme von *Psittacosaurus*, war der erste richtige Horndinosaurier. Wie alle Dinosaurier legte er Eier und vergrub sie im Sand, um sie warmzuhalten, kümmerte sich dann aber vermutlich nicht weiter um sie. Viele seiner Gelege wurden, vor allem in der Mongolei, gefunden. Manche Eier waren zerbrochen und mit Sand gefüllt, andere aber enthielten fossile Embryos, die gestorben waren, bevor sie die Schale durchbrechen konnten.

und wegen ihrer stachligen Wedel konnten sich nur kleinere, untersetzte Tiere wie *Protoceratops* dort hineinwagen, ohne sich Kratzer und Wunden zu holen. Größere, aktivere Jäger mieden diese Gegend.

Der Palmensaft ist sehr süß und nahrhaft; wahrscheinlich war er *Protoceratops*' Hauptnahrung. Während das Tier die Wedel zerkleinerte, wird ihm der milchige Saft ins Maul geflossen sein. In tropischen Ländern wird der Palmsaft von den Menschen abgezapft und als Palmwein getrunken. So können wir in den Ceratopsia die allerersten Palmweintrinker erblicken.

Die Entwicklung der Ceratopsia

Die größte Vielfalt entwickelten die Ceratopsia in Nordamerika mit rund achtzehn verschiedenen Arten. Dem kleinen *Protoceratops* folgten weit größere Formen. Manche waren mehr als dreimal so groß wie er und wogen 8,5 Tonnen, also etwa das Fünffache ihres mongolischen Vorfahren. Während sie allmählich immer größer wurden, verkürzten sich proportional ihre Schwänze. Im Vergleich zu seinem Körperumfang hatte Protoceratops einen sehr großen Kopf. Als sich seine Nachfahren entfalteten, bildeten sich zwei Hauptgruppen – die Kurzschild-Ceratopsia mit zunehmend mächtigeren Köpfen und die Langschild-Ceratopsia, deren Köpfe kleiner und kleiner wurden.

Im Zuge ihres Größenwachstums entwickelten die Horndinosaurier knöcherne Auswüchse oben am Schädel. Manche davon waren über einen Meter lang und müssen in der Art von Rhinozeroshörnern ausgezeichnete Waffen gegen große Fleischesser dargestellt haben. Einige Ceratopsia hatten lange Stacheln als Einzelhörner auf der Schnauze, andere trugen Doppelhörner über den Augen, und noch andere wiesen große, scharfe Vorsprünge an der Hinterkante des Knochenschildes auf. Mit dem Körperumfang der Ceratopsia vergrößerten sich auch ihre Hörner.

Alle Ceratopsia, was immer sie für Hörner besaßen, bekamen zunehmend schmalere Hornschnäbel mit einer regelrechten Zahnreihe, die ihnen als messerscharfe Schneidkante diente. Die oberen und die unteren Zähne funktionierten nach dem Scherenprinzip und zerkleinerten selbst härtestes Pflanzenmaterial. Die Zahnreihen wurden

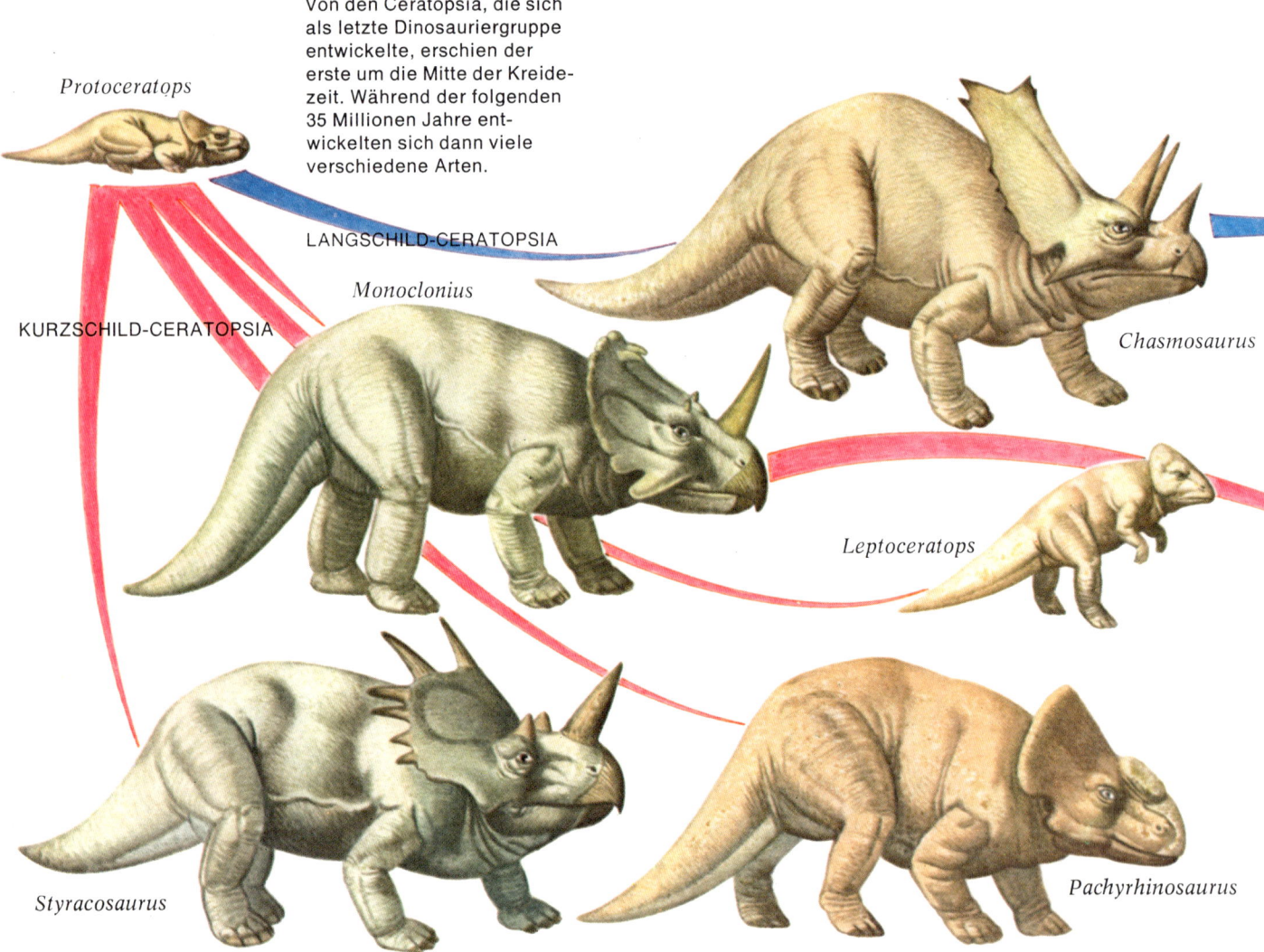

Von den Ceratopsia, die sich als letzte Dinosauriergruppe entwickelte, erschien der erste um die Mitte der Kreidezeit. Während der folgenden 35 Millionen Jahre entwickelten sich dann viele verschiedene Arten.

länger, so daß sich die Schneidkante verlängerte und die Tiere noch kräftiger zubeißen konnten als zuvor.

In der Anordnung der Kiefermuskeln im Knochenschild unterschieden sich die beiden Gruppen, aber in ihrer Beißkraft werden sie einander nicht nachgestanden haben. Beide konnten sehr gut die Palmen anschneiden, deren Saft sie lockte.

Zu den ersten Kurzschild-Ceratopsia, die ein Nasenhorn entwickelten, gehörte *Monoclonius* mit seinem großen Stachel auf der Schnauze und kleinen Höckern über den Augenhöhlen. *Styracosaurus,* der in derselben Zeit lebte, hatte ebenfalls ein Nasenhorn, doch wuchsen ihm außerdem am hinteren Außenrand des Nackenschildes mehrere seltsam aussehende, schlanke Hörner. Der größte und bekannteste der Horndinosaurier ist *Triceratops.* Bis elf Meter lang und 8 Tonnen schwer, trapste er auf seinen vier Beinen ungelenk einher. Er hatte drei Hörner, eines auf der Schnauze und zwei über den Augen. Da die Hörner fast einen Meter lang werden konnten, müssen sie gefährliche Waffen gegen jegliche Feinde gewesen sein.

Pachyrhinosaurus, eine sonderbare Form aus der Kurzschild-Gruppe, entwickelte weder Stacheln noch Hörner. Bei ihm hatte sich oben auf dem Schädel, zwischen den Augen, eine dicke Knochenplatte herausgebildet.

Die Langschild-Gruppe bekam Hörner über den Augen, aber ihre Schnauzenhörner wurden nie sehr groß. Ihr Hauptmerkmal war ein sehr langer Nackenschild, der wuchs und wuchs, bis er den größten Teil des Rückens als ein Schutzpanzer bedeckte. *Torosaurus,* der größte der Langschild-Gruppe, hatte einen fast 3 m langen Schädel; der riesige Nackenschild reichte nach hinten etwa bis zur Rumpfmitte.

Da alle Horndinosaurier so prächtig gediehen, muß es überraschen, einem Ceratopsiden zu begegnen, der sich ganz anders entwickelte. *Leptoceratops* hatte keinen untersetzten Körper wie seine sämtlichen Verwandten, sondern ein leiches, schlankes Skelett mit nur kurzem Nackenschild. *Leptoceratops* war 2 m lang und nur 55 kg schwer; statt zu einem gewichtigen Palmenvertilger wurde er zu einem behenden Schnelläufer. Nur sein Schädel und seine Zähne beweisen, daß er zu derselben Gruppe gehörte wie der große *Triceratops.*

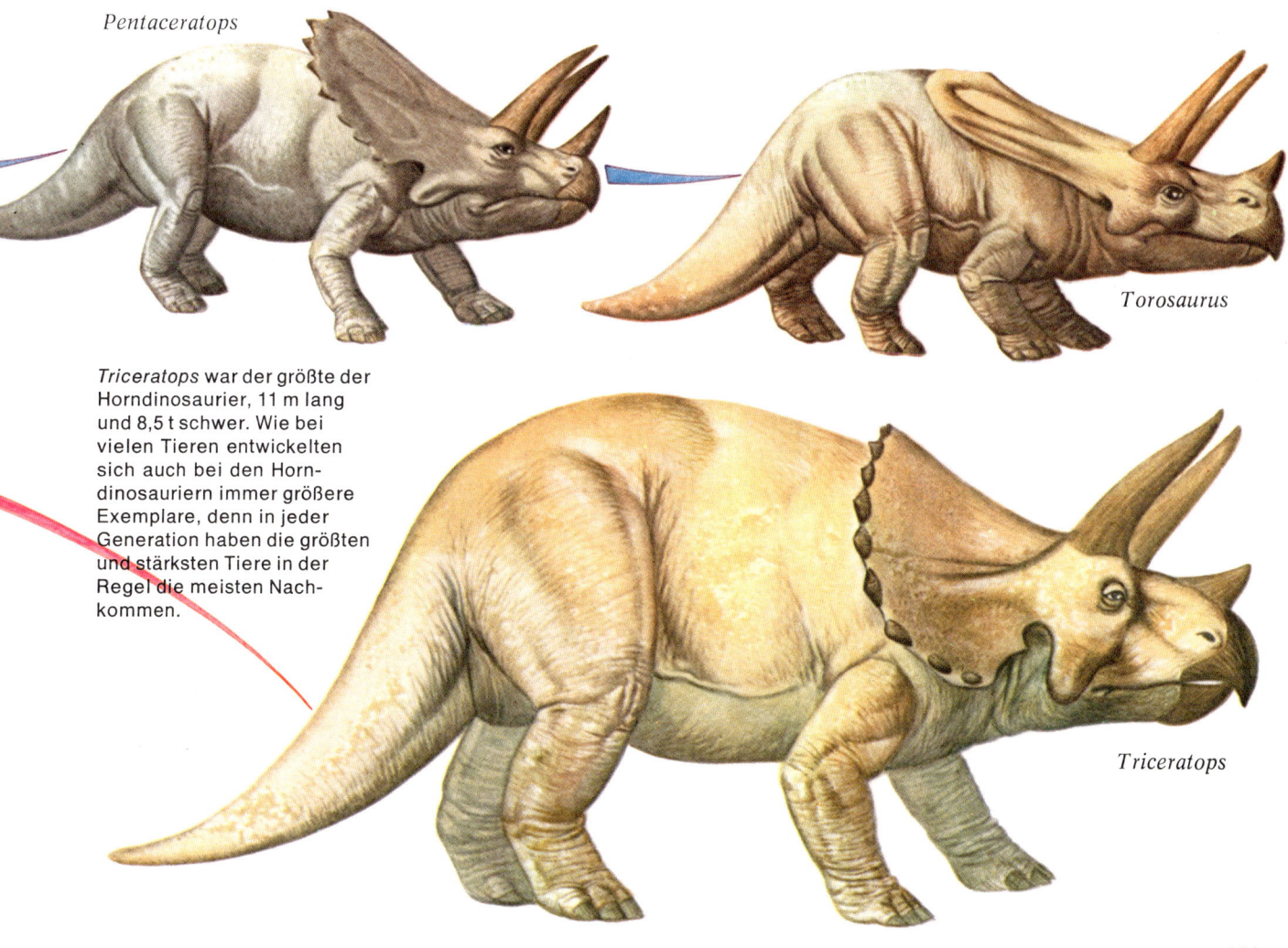

Pentaceratops

Torosaurus

Triceratops war der größte der Horndinosaurier, 11 m lang und 8,5 t schwer. Wie bei vielen Tieren entwickelten sich auch bei den Horndinosauriern immer größere Exemplare, denn in jeder Generation haben die größten und stärksten Tiere in der Regel die meisten Nachkommen.

Triceratops

NIEDERUNGEN IN DER FRÜHEN KREIDEZEIT

In der frühen Kreidezeit gab es nur wenig Anzeichen dafür, daß im Tier- und Pflanzenleben bald tiefgreifende Veränderungen eintreten sollten. Die Spuren der Vergangenheit hat man in einigen Gebieten gründlich erforscht, vor allem auch im Südosten Englands, und man kann sich ein sehr genaues Bild machen, wie es dort vor 100 Millionen Jahren ausgesehen haben muß.

Am Rande dieser Landschaft erhob sich ein Schollengebirge, das durch Erdbewegungen entstanden war. Heute liegt diese „London-Plattform" völlig unter jüngeren Gesteinen begraben; aber damals ähnelten die Berge den Steilwänden des großen ostafrikanischen Grabenbruchs. Die Gipfel des Hochlands verhüllten Wolken, und da ein Monsunklima mit Trocken- und Regenzeiten herrschte, regnete es dort einen großen Teil des Jahres hindurch schwer und anhaltend.

Die tieferen Abhänge am Fuß der Bergkette waren dicht mit Koniferen, Araukarien und Palmfarnen bestanden – alles schon aus der früheren Jurazeit bekannte Pflanzen. In diesem Landesteil lebte eine Menge verschiedener Dinosaurier. Man findet dort den ersten Knochenkopf-Dinosaurier, *Yaverlandia*, sowie die ersten bekanntgewordenen Beispiele zweier Panzersaurier, *Acanthopholis* und *Hylaeosaurus*. Häufig traten Gruppen des kleinen, agilen

Hypsilophodon auf. Unter den Fleischessern treffen wir *Megalosaurus* und *Altispinax* an, den ersten Fleischesser mit einer Rückenflosse. Es muß eine gute Gegend für Dinosaurier gewesen sein, denn in der frühen Kreidezeit entwickelten sich dort mehrere neue Arten.

Die Ausläufer der Londoner Berge stellten eine sehr abwechslungsreiche Umwelt mit Bäumen, Sträuchern und raschfließenden Strömen dar. Einen markanten Gegensatz dazu bildete eine riesige, flache und einförmige Ebene, Pallenland genannt, die sich von Südostengland bis Frankreich und Mitteleuropa hin dehnte. Pallenland erstreckte sich über Tausende Quadratkilometer und sah überall ziemlich gleich aus – Wiesen von verschiedenen Schachtelhalmen. Hunderte kleiner Flüsse schlängelten sich durch das flache Land, teilten sich, trafen wieder zusammen und bildeten ein dichtes Netz von Wasserwegen.

Es regnete nicht sehr viel in Pallenland, aber die Flüsse wurden von den benachbarten Gebirgszügen reichlich mit Regenwasser gespeist. Zudem gab es in dem ganzen Gebiet jahreszeitlich bedingte Überschwemmungen.

In der trockeneren Jahreszeit versiegten manche Flüsse und hinterließen Ketten isolierter Weiher. In den Gewässern lebten Fische und Krokodile, in der Luft schwebten große fischessende Flugsaurier wie *Ornithodesmus* (mit einer Flügelspannweite von 3 m).

Außerdem gab es an auffallenden Lebewesen noch die weidenden *Iguanodon*-Herden. Die Schachtelhalme, ihre Kost, nutzten die Zähne der Tiere rasch ab, und so enthalten die Gesteine in Pallenland Tausende abgeschliffener Iguanodon-Zähne.

Bei besonders starkem Hochwasser wurde manchmal ein *Iguanodon* in eine Strömungsrinne hinabgerissen und ertrank. Nach dem Zurückweichen der Fluten stak er tief in dem weichen Schlick. Man hat ein solches *Iguanodon* gefunden, bei dem sich rasch wachsende Schachtelhalme durch das Skelett gebohrt hatten und dann versteinert waren. In einem nahen Fluß hat ein anderes *Iguanodon* bemerkenswerte Hautmusterspuren im Boden hinterlassen, als es sich zum Trinken auf den feuchten Grund neben einem Wassertümpel setzte.

Vor 136 Millionen Jahren waren weite Teile Europas Flachland, von zahllosen kleinen Flüssen durchzogen, mit Bäumen und Büschen bestanden. Hier lebten außer anderen Tieren viele verschiedene Dinosaurier-Arten.

Iguanodon

Goniopholis

Süßwasser-Schildkröten

NIEDERUNGEN DER SPÄTEN KREIDEZEIT

Die zweite Hälfte der Kreidezeit – sie begann vor ungefähr 100 Millionen Jahren – sticht kraß von der ersten Hälfte ab, und zwar hauptsächlich deshalb, weil das Pflanzenleben mittlerweile recht modern geworden war. Die Landschaft bestand überwiegend aus Waldungen mit Eichen, Pappeln, Roßkastanien, Platanen, Ahorn, Birken, Eschen und so neuzeitlichen tropischen Bäumen wie Brotfrucht, Feige und Palme. Die charakteristischen Pflanzen der Jurazeit, die Koniferen, zum Beispiel Sequoia und Ginkgo, waren noch vorhanden, aber schon überschattet von den neuentstandenen Bäumen.

Im Bild einer solchen, uns vertraut anmutenden Waldlandschaft wirken die Dinosaurier geradezu befremdlich. Der große Fleischesser *Tyrannosaurus* überlebte bis zum Ende der Kreidezeit. Zu den letzten kleinen, leichten Coelurosauriern gehörten *Ornithomimus* und seine Verwandten, die ihre Zähne eingebüßt hatten und von reinen Carnivoren zu Gemischtköstlern geworden waren. Sie aßen nunmehr Eier, Insekten, kleine Echsen und Pflanzen.

Auch die beiden Gruppen der Echsenbecken-Dinosaurier, die pflanzenessenden Sauropoden und die fleischessenden Theropoden (Carnosaurier und Coelurosaurier), existierten noch, machten aber in der späten Kreidezeit nur einen kleinen Teil der Dinosaurierbevölkerung aus.

Manche der riesigen fleisch- oder pflanzenessenden Dinosaurier überlebten bis zum Ende der Kreidezeit. Offenbar hatten sie sich erfolgreich der neuen Vegetation angepaßt. Besonders zahlreich waren die pflanzenessenden Vogelbecken-Dinosaurier, und noch gab es kein Anzeichen dafür, daß sie alle bald aussterben sollten.

Alamosaurus

Tyrannosaurus

Die dominierenden Dinosaurier der Zeit waren die Vogelbecken-Dinosaurier – die Ankylosaurier, die Ceratopsia und vor allem die entenschnäbligen Hadrosaurier. Sie alle müssen sich offenbar gut gehalten und vermehrt haben; noch gab es keinerlei Anzeichen, daß sie bald erlöschen sollten.

MARINE REPTILIEN DER KREIDEZEIT

Gegen Ende der Kreidezeit waren weite Bereiche mit warmer, klarer Flachsee bedeckt, in der Scharen regsamer, neuzeitlicher Knochenfische schwammen. In den Lüften tummelte sich der schnellfliegende Vogel *Ichthyornis*, der häufig nach Fischen ins Wasser hinabstieß. Verschiedene Arten von flugunfähigen, bezahnten Vögeln wiegten sich auf dem Wasserspiegel, hin und wieder nach Nahrung abtauchend. Riesen-Meeresschildkröten des Typs *Archelon* durchpflügten das Oberflächenwasser. Wenn auch mit 6 Meter Länge größer als jede lebende Schildkröte, unterschieden sie sich im übrigen kaum von den Leder- und Suppenschildkröten unserer heutigen warmen Weltmeere.

Auf dem Land geschahen während der Kreidezeit grundlegende Veränderungen der Flora wie der Fauna, während die Entwicklungen im Meer weder so auffällig noch so dramatisch verliefen. Die neuen Fischarten stellten eine frische Nahrungsquelle für jeden Räuber dar, der flink genug war, ihrer habhaft zu werden. Dennoch überlebten die meisten bekannten Beutetiere wie beispielsweise die Kopffüßer (Cephalopoden) und Schalentiere. Die Ichthyosaurier verschwanden noch vor dem Ende der Kreidezeit, und die Pliosaurier konnten sich nur in den Gewässern um Neuseeland behaupten. Da offenbar gerade diese beiden Tiere

Ammoniten waren Kopffüßler mit harter Kalkschale, Verwandte der Kraken und Tintenfische. An dem Fossilfund (links) ist zu sehen, daß ein junger Masosaurus sechzehnmal hineinbiß im vergeblichen Versuch, die Schale zu knacken.

Archelon

Tylosaurus (Mosasaurier)

Hesperornis

dem Leben als Meeresräuber besonders gut angepaßt waren, ist ihr Untergang ziemlich rätselhaft.

Die langhalsigen Plesiosaurier dominierten jetzt mit der Schwimmechsengruppe der waranartigen *Maassaurier* in der Meereswelt der Reptilien. Die Plesiosaurier entwickelten sich zu den *Elasmosauriern* und bekamen noch längere, zum Erbeuten pfeilgeschwinder Fische hervorragend geeignete Hälse. Auch entstanden aus ihnen einige neue Gattungen, so die Cimoliasaurier. Sie hatten größere Köpfe und kürzere Hälse und sahen insgesamt so ähnlich wie die stromlinienförmigen Pliosaurier aus, die schon damals fast vollständig erloschen waren.

Die schwimmenden Echsen, die Maassaurier, hatten langgestreckte Schlangenleiber. Ihr langer Schwanz war an den Seiten abgeflacht und mag der Fortbewegung im Wasser gedient haben. Die Gliedmaßen bildeten kurze, rundliche Paddel, mit denen die Tiere steuerten.

Die Maassaurier hatten große, konische Zähne, die nicht

Ichthyornis

Während der Kreidezeit verlief die Weiterentwicklung der Reptilien in den Meeren weniger auffällig als die an Land. Immerhin entstanden viele neue Fischarten und schnellfliegende Seevögel. Die langhalsigen Plesiosaurier und die Mosasaurier waren im Wasser vorherrschend. Die Meeresschildkröten, die nahe an der Oberfläche schwammen, waren zwar größer, unterschieden sich im übrigen aber kaum von unseren heutigen Schildkröten.

Hydrotherosaurus (Elasmosaurier)

allzu dicht beieinander standen. Sie zeigen, daß die Maassaurier wie zuvor die Ichthyosaurier und die Pliosaurier Kopffüßer verzehrten. Die Cephalopoden, ihre Beutetiere, besaßen harte Schalen, die nur mit kräftigen Zähnen zu knacken waren.

Vor einigen Jahren wurde eine mit vielen großen Löchern versehene Ammonitenschale gefunden. Sie war 26 cm breit und offenbar von einem bezahnten Tier durchbissen worden. Der Umfang der Zahnmale und ihre Anordnung entsprechen genau dem Gebiß eines jungen Maassauriers. Augenscheinlich hatte das unerfahrene Jungtier einen Kopffüßer erwischt, der ihm etwas zu groß war, und sechzehnmal zubeißen müssen, um ihm den Garaus zu machen.

Der letzte Maassaurier, *Globidens*, existierte nur ein paar Millionen Jahre ganz zum Ende der Kreidezeit. Statt Kopffüßern aß er Schalentiere, zum Beispiel Austern und Pilgermuscheln, wie es einst die Pflasterzahnsaurier (Placodontia) in der Triaszeit taten und wie es das Walroß heute tut.

PTERANODON, DER GESCHICKTE SEGLER

Über den kreidezeitlichen Meeren schwebten vor 70 Millionen Jahren riesige behaarte Flugsaurier mit lederartigen Schwingen. Sie verkörperten das letzte Glied in der langen Kette der Flugreptilien, die sich in der mittleren Kreidezeit entfaltet hatten. Von einem, *Pteranodon*, wurde das Skelett erstmals 1910 beschrieben. Aber erst 1974 beschäftigte man sich eingehend mit *Pteranodons* Flugkünsten.

Pteranodon hatte eine Flügelspannweite bis zu 7,5 m. Das entspricht etwa der Breite eines Fußballtores und ist mehr als das Doppelte dessen, was der größte fliegende Vogel unserer Zeit, der Ozeansegler Albatros, klaftert. Seine Körperlänge betrug 279 cm. Auf den großen Kopf entfielen davon 179 cm, auf Hals und Rumpf die restlichen 100 cm. Der Schädel trug hinten einen enormen Knochenkamm von 68 cm Länge, aber nur 3 mm Dicke. Ungeachtet der Größe des Tieres waren die Wände seiner hohlen Knochen nicht mehr als 5 mm stark. Das Skelett muß sehr zerbrechlich gewesen sein, und es ist erstaunlich, daß ein so zart gebautes Tier fliegen und vor allem landen konnte, ohne dabei zu zerschellen.

Aus Berechnungen seines Gewichts und der Flügelfläche wissen wir, daß *Pteranodon* in erster Linie Gleiter war. Er ließ sich von den Luftströmungen über dem offenen Meer und an seinen Nistfelsen tragen. An den meisten Stellen brauchte *Pteranodon*, wenn es losfliegen wollte, im Grunde nur die Flügel auszubreiten und sich emportragen zu lassen, aber bei Windstille oder auf ebener Fläche hat es wahrscheinlich nicht starten können. Man hat auch errechnet, daß *Pteranodon* sich aktiv in der Luft fortbewegen konnte. Für einen einzigen Schlag seiner riesigen Flügel benötigte es volle zwei Sekunden.

Das ungewöhnlichste Merkmal *Pteranodons* und zugleich das verblüffendste ist vielleicht der lange Knochenkamm. Auf den ersten Blick scheint er zusätzliches Gewicht zu schaffen – ein Umstand, der für ein fliegendes Tier als ungünstig erscheint. Bei Versuchen im Windkanal hat sich erwiesen, daß der Kamm als Gegengewicht diente, wenn *Pteranodon* den Kopf weit zur Seite drehte, wobei es mehr als eine Halbkreisdrehung schaffte. Sein Knochenkamm wog nur 30 g, da der Knochen außerordentlich dünn war. Doch ohne dieses Gegengewicht hätte *Pteranodon* für solche Kopfdrehungen eine immense, bis 200 g schwere Halsmuskulatur gebraucht. Somit hat der so massig aussehende Kamm sein Gewicht nicht erhöht, sondern verringert.

Pteranodon fing seine Nahrung mit dem langen Schnabel, nicht mit den Hinterbeinkrallen. Ein mit den hinteren Gliedmaßen ergriffener schwerer Fisch hätte *Pteranodon* aus der Balance gebracht, aber im Schnabel oder im Kehlsack wirkte sich das Extragewicht der Beute nur unwesentlich aus.

Lange hat die Wissenschaft *Pteranodon* für das größte bekannte Flugtier aller Zeiten gehalten. Aber 1975 wurde ein neuer, noch größerer Pterosaurier entdeckt. Seine geschätzte Flügelspannweite von 15 m würde etwa der doppelten Breite eines Fußballtores gleichkommen und die eines Kleinflugzeuges übertreffen. Wenn wir dieselben Berechnungen anstellen, mit denen Flugtechniker eine neue Flugzeugkonstruktion testen, kann seine größtmögliche Spannweite jedoch nicht 15, sondern nur 10 m betragen haben. Doch selbst damit wäre er ein enormes, eindrucksvolles Tier gewesen.

Bislang hat man nur einzelne Knochenteile gefunden, aus denen sich gleichwohl ermitteln ließ, daß der Oberarmknochen zweimal so lang war wie der von *Pteranodon*. Die Hinterbeine erreichten die doppelte, einige Halsknochen sogar die siebenfache Länge. Wie uns außerdem bekannt ist, besaß er keinen Kamm, aber einen sehr langen Schnabel.

Anders als *Pteranodon* wurde dieser neue Pterosaurier tief im Binnenland gefunden. Wahrscheinlich lebte er wie die heutigen Geier in den Ebenen Afrikas und Indiens, hoch droben in den Lüften kreisend und auf tote Tiere am Boden herabstoßend. Im Vergleich zur Körpergröße waren seine Flügel kleiner als die *Pteranodons*. Nach Art der Geier mit ihren ebenfalls verhältnismäßig kurzen Flügeln wird er über dem Land aufsteigende Warmluftmassen ausgenutzt haben. Erst wenn alle wissenschaftlichen Einzelheiten veröffentlicht sind, werden wir beurteilen können, ob diese Auslegung zutrifft. Bis dahin bleibt der große Pterosaurier zunächst ohne eigenen Namen.

Die riesigen gleitenden und segelnden Pterosaurier waren die letzten Flugreptilien. Mit ihrem Verschwinden setzten sich an den Küsten, den Ufern von Flüssen und Seen, in den Wäldern und auf den Ebenen die echten neuzeitlichen Vögel durch.

Pteranodon war ein großer, fischender Pterosaurier, einer der letzten Nachkommen der behaarten Flugreptilien, die sich in der Trias entwickelt hatten. Seine großen Schwingen spannten 7 m, er wog schätzungsweise 16–17 kg. Sein Knochenkamm war leicht, nur 3 mm stark; mit ihm konnte er seine Kopfbewegungen während des Flugs kontrollieren. Zur Verstärkung seiner Schwingen war der Schultergürtel mit dem Rückgrat verschmolzen und nicht nur durch Muskeln befestigt wie bei anderen Flugtieren.

Quetzalcoatlus, ein noch größerer Flugsaurier als Pteranodon, wurde kürzlich in Texas gefunden. Seine Schwingen spannten 10 m. Er lebte im Binnenland. Vermutlich kreiste er wie die heutigen Geier über den Ebenen und verzehrte tote Tiere.

Seinen Schlafplatz hatte *Pteranodon* ähnlich einer Fledermaus an den Klippenwänden. Auf dem Boden konnte er sich nur plump bewegen, mit rückwärts gefalteten Schwingen. In der Luft aber bewegte er sich sehr geschickt und griff sich mit dem langen spitzen Schnabel Fische von der Wasseroberfläche.

DAS ENDE DER DINOSAURIER

Eines der großen, ungelösten Geheimnisse der Geschichte unserer Erde ist das plötzliche Erlöschen vieler Tiergruppen am Ende der Kreidezeit vor 64 Millionen Jahren. Damals verschwanden sämtliche Dinosaurier von der Bildfläche, ebenso die Pterosaurier, fast alle marinen Reptilien und mehrere Gruppen von Wirbellosen.

Wissenschaftler haben für diesen merkwürdigen Vorgang mehrere Erklärungen zu geben versucht. Manche Gelehrte sagen, die neuentstehenden Säugetiere seien für die kleinhirnigen Dinosaurier zu intelligent gewesen. Aber in Wirklichkeit waren die damaligen Säuger eher Spitzmäusen und Igeln ähnlich und somit keine besonders gefährlichen Tiere.

Populär ist auch die Auffassung, das Erlöschen der Dinosaurier hinge mit der Ausbreitung moderner Blütenpflanzen zusammen. Bevor diese Pflanzen auftraten, hatten sich die pflanzenessenden Dinosaurier hauptsächlich von Koniferen, Palmfarnen und Farnen ernährt. Alle diese Gewächse enthalten Öle mit einer abführenden Wirkung, und als die Dinosaurier sich auf Blütenpflanzen umstellten, die dieser Öle ermangelten, könnten schwere Stuhlverstopfungen die Folge gewesen sein. Nach dem Niedergang der Pflanzenesser fanden dann auch die Fleischesser keine Atzung mehr und starben gleichfalls aus. Da wir aber wissen, daß sich mehrere Dinosauriergruppen mit Erfolg auf moderne Futterpflanzen umstellten, trifft die Verstopfungstheorie wohl doch nicht zu.

Dann hat man spekuliert, eine Hormonerkrankung unter den Dinosauriern habe die Schalen ihrer Eier so dick werden lassen, daß die Embryos fortan weder atmen noch durchbrechen konnten. Und einer noch anderen Theorie nach sollen eierverzehrende Tiere angetreten sein, die die Gelege rascher vertilgten, als die Dinosaurier sie hervorbrachten.

Jede dieser Theorien könnte auf die Dinosaurier allein zutreffen. Aber was war mit den anderen Tieren, die gleichzeitig mit ihnen erloschen? Wie erklären wir das Ende der Pterosaurier, der marinen Reptilien, der kleinen Wirbellosen?

Die neueste Deutung nimmt Bezug auf die Bewegungen der Kontinente. Seit Beginn der Jurazeit waren die Festlandmassen langsam auseinandergerückt. In der Kreidezeit beschleunigte sich dieser Vorgang. Als der große Südkontinent Gondwanaland schließlich auseinanderbrach, hob sich der neugebildete Ozeanboden, und überall auf der Erde stieg der Meeresspiegel an. Flachmeere dehnten sich über weite Landstriche aus. Schon immer hat das Meer das Klima stark beeinflußt, und nun schaffte es auf der ganzen Erde, vom Äquator bis zu den beiden Polen, ziemlich gleiche Temperaturverhältnisse. Da das für Meeres- wie Landbewohner ideale Lebensbedingungen waren, entwickelten sich in dieser Zeit viele verschiedene Tiere.

Am Ende der Kreidezeit wich das Meer zurück. Das Klima änderte sich – die Polarregionen wurden viel kälter, und in anderen Gegenden stellten sich warme und kalte Jahreszeiten ein. Die Dinosaurier regulierten ihre Innentemperatur aber nach einer Methode, die ihnen in kalten Wintern höchst gefährlich werden mußte. Trotz ihrer Größe dürften sie bei monatelang fallenden Temperaturen allmählich so stark abgekühlt sein, daß sie nicht mehr richtig funktionierten. Und trat warme Witterung ein, waren sie nicht mehr imstande, sich rasch genug zu erwärmen und zu erholen.

Die klimatischen Veränderungen führten wechselhaftes, stürmisches Wetter herbei, in dem die Pterosaurier mit ihrem zarten Knochenbau nicht überleben konnten. Im Meer wandelten sich die Bedingungen gleichfalls, was sich auf die Kleinstlebewesen im Oberflächenwasser auswirkte. Davon wurden die Tiere, die sich von jenen Mikroorganismen ernährten – und in der Folge auch die riesigen marinen Reptilien, deren Beute sie waren –, in Mitleidenschaft gezogen.

Problematisch ist an dieser Theorie unter anderem, daß die Gesteine stellenweise – zum Beispiel in Nordnigerien, Nordamerika und Frankreich – keinerlei Spuren von Klimaveränderungen in dieser Periode zeigen. Zu einem bestimmten Zeitpunkt verschwanden die Riesenreptilien einfach. Wenn es dort einschneidende klimatische Umschwünge gegeben hat, müssen sie buchstäblich spurlos vorübergegangen sein.

Die Dinosaurier erloschen, doch andere Tiergruppen entwickelten sich weiter. Auf dem Land gediehen Vögel, Echsen und Säuger, in der See die Knochenfische. Das Zeitalter der Dinosaurier war zu Ende, aber schon waren neue Tiere bereit, ihren Platz auf der Erde einzunehmen. Die Zukunft gehörte den Vögeln und den Säugetieren. Die Erdneuzeit (Känozoikum) begann und mit ihr das Zeitalter der Säugetiere.

REPTILIEN DER NEUZEIT

Die Dinosaurier hatten nicht über das Ende der Kreidezeit hinaus Bestand. Andere Nachfahren der Ursaurier, die Vögel, entwickelten sich jedoch zu einer der erfolgreichsten Tiergruppen. Die *Archaeopteryx*, der erste Vogel überhaupt, entwickelte sich aus den kleinen fleischessenden Coelurosauriern der Jurazeit vor 150 Millionen Jahren.

Nach dem Aussterben der Dinosaurier haben die Reptilien ihre alte Bedeutung nie wieder erlangt. Was jedoch nicht besagt, daß sie sich nicht gut behauptet hätten. Jedem Tropenbesucher muß auffallen, wie zahl- und artenreich die Reptilwelt dort ist. Zusammen mit den Vögeln beherrschen die Kriechtiere die Wald- und Savannengebiete. Nur in der offenen Ebene dominieren die Säuger.

Betrachten wir die heute lebenden Gruppen der Reptilien, so kann man sich eigentlich nicht so recht vorstellen, welchen Gemeinsamkeiten sie es verdanken, daß sie das Erlöschen der Dinosaurier zu überstehen vermochten. Ernsthaft bedroht scheint heute nur einer ihrer Vertreter zu sein – *Sphenodon,* die Brückenechse oder Tuatara, die sich seit der Triaszeit vor 200 Millionen Jahren fast gar nicht verändert hat. Sie wird nur noch auf kleinen Inseln vor der Küste Neuseelands angetroffen. Sie gräbt sich Höhlen in den lockeren Boden oder benutzt die Erdröhren von Sturmvögeln.

Die echten Echsen setzten sich vor 150 Millionen Jahren in der Jurazeit durch und haben sich in ihrer langen Geschichte sehr verschieden entwickelt. Der Flugdrache *Draco* mit seiner Fallschirmhaut gleicht dem seit langem erloschenen Segler *Kuehneosaurus;* auf den Galapagos-Inseln sind Leguane ins Meer zurückgekehrt und zu Wasserpflanzenessern geworden; und eine andere, neu angepaßte Form haben wir in den langsamen, verstohlen lauernden Chamäleons vor uns, die ihre Körperfarbe verändern können.

Die vielleicht bemerkenswertesten lebenden Reptilien sind die Schlangen. Dank ihrer locker eingelenkten Kiefer können sie Tiere verschlingen, die viel größer sind als sie selbst. Mit hochwirksamen Giften bereiten sich viele ihre Beute verdauungsgerecht zu. Die ersten Pythons entstanden in der Kreidezeit. Heute sind die Schlangen an alle möglichen, unterschiedlichen Umwelten angepaßt.

Die letzten zwei Reptilgruppen, die Schildkröten und die Krokodile, entwickelten sich in der Triaszeit und haben sich seither wenig gewandelt. Viele Arten sind allerdings ausgestorben. Eine Zeitlang gab es Riesenformen. Schildkröten leben auf dem Land, im Meer und im Süßwasser. Sie ernähren sich von Pflanzen, und manche erbeuten sogar Fische. Individuell sind sie fast unzerstörbar, obwohl ihre Eier als Nahrungsmittel dienen und auch ihr Fleisch vom Menschen verzehrt wird. Man hat zu Recht gesagt, daß lange nach dem Verschwinden des Menschen von der Erdoberfläche noch immer die gepanzerte Schildkröte schwerfällig und zählebig ihres Weges wandeln wird.

Die Krokodile sind die einzigen noch lebenden Archosaurier. Zu dieser Reptilgruppe gehörten auch die Dinosaurier. Seit 200 Millionen Jahren behaupten sie sich als halbaquatische Jäger und Aasvertilger. Ihr einziger wirklicher Feind ist der Mensch. Er verarbeitet ihre Haut zu Handtaschen und Schuhen und hat die Tiere deswegen so stark bejagt, daß sie heute fast ausgerottet sind. Es wäre tragisch, wenn wir damit die einzigen noch lebenden Reptil-Verwandten der Dinosaurier auslöschen würden, nachdem sie so lange Bestand gehabt haben.

Das Zeitalter der Reptilien endete vor 64 Millionen Jahren, aber fünf Gruppen (oder Ordnungen) überlebten: Krokodile, Schildkröten, Brückenechsen, echte Echsen und Schlangen. Krokodile sind die einzig überlebenden Archosaurier und haben sich seit 200 Millionen Jahren nur wenig verändert.

Die Vögel, die man heute nicht mehr zu den Reptilien rechnet, stammen aber doch von ihnen ab. Ihr Vorfahre, die Archaeopteryx, hatte sich in der Jurazeit aus kleinen fleischessenden Dinosauriern entwickelt. Die Vögel wurden zu einer der erfolgreichsten Tierklassen.

Index

Die *kursiv* gesetzten Seitenzahlen verweisen auf Fotos und Zeichnungen.

A

Aasvertilger 40, 43
Acantopholis 14-15, 82, *83*, 102
Ägypten 78
Aetosaurus 30
Afrika 26, 36, 57, 70, 72, 75, 86, 108
Alamosaurus 104
Albatros 49, 108
Albertosaurus 76
Algen 74
Allantois 22, 24
Allosaurus 14-15, 52, *53*, 60, 63, 76
Altersbestimmung 14
Altispinax 103
Amerika (siehe auch Nordamerika, Südamerika) 84
American Museum of Natural History Expedition 22
Ammoniten 67, *106*, 108
Amnion 22, 23
amniotische Eier 22, 23
Amphibien 12, 14-15, 20, 22, 24, 30, 31, 34, 40, 47, 50
Anatosaurus 91, 92, *93*
  annectans 93
  copei 93
  edmontoni 93
  saskatchewanensis 93
Anker 57
Ankylosaurier 16, 62, 72, 74, 82-83, 84, 95, 106
Ankylosaurus (siehe *Euoplocephalus*)
Antarktis 26, 72
Antilope 57
Apatit 16
Apatosaurus 10, 14-15, *56-57*, 64
Archaeopteryx 14-15, 50, 54, *55*, *66*, *67*, 110, 111
Archelon 106
Archosaurier 15, 16, 26, 29, 32, 34, 70, 94, 111
Arterien 37
Asien 26, 36, 42, 72, 84, 88, 92
Askeptosaurus 44, *46*, 50
Atemröhre 25, 61
Atmung 10, 20, 25, 61
Aufzucht der Jungen 15, 99
Auge 30, 49
Auster 108
Australien 26, 72
Azoikum (Erdurzeit) 12

B

Backe 41, 60, 90
Backenzähne 25
Bärlappgewächs 27
Bakterien 12
Balkan 90
Bastardsaurier *siehe* Nothosaurier

Batractosaurus 90, 93
Baum *27*, 28, 36, 43, 45, 48, 50, *51*, 53, 54, 60, 63, 64, 67, 73, 74, 75, 86, 100, 102, 104; siehe auch Koniferen
Bayern 66
Beckengürtel 33, 88-39, 45
Beine *siehe* Gliedmaßen
  seitlich gespreizt 24, 30, *30*, 31, 38
Belgien 85, 103
Berliner Museum für Naturkunde 58
Bernissart 85
Biene 74, *75*
Blätter 36, 60, 61, 86, 90, 94
Blaualgen 12
Blei 14
Blindschleiche 50
Blütenpflanzen 74, 90, 94, 110
Blut 24, 37
Blutgefäße 58
Brachiosaurus 14-15, *11*, 58, *59*, 64, *65*
Brachylophosaurus 92, *93*
  canadensis 93
Brontosaurus (siehe *Apatosaurus*)

C

Camarasaurus 58, 59
Camptosaurus 50, *60-61*, 62, 90, 93
Carnivore 32, 60
Carnosaurier 14-15, 33, 41
Cephalophoden (siehe Kopffüßer)
Ceratopsia 14-15, 16, 72, 74, 98-100, *99-101*, 106
  Entwicklung 100-1
  Langschild-Ceratopsia *100-1*
  Kurzschild-Ceratopsia *100-1*
Ceratosaurus 52, *53*, 64
Chamäleon 111, *111*
Chasmosaurus 100
Chemikalien 18, 21
Cheneosaurus 92, *93*
  tolmanensis 93
China 30, 36, 46, 90, 92
Chirotherium 34, *35*, 36, 40
Chorion 22, 23
Cimoliasaurier 107
Clevosaurus 42
Coelophysis 12, 14-15, 33, 35, 41
Coelurosaurier 14-15, 33, 35, 38, 39, 41, 53, 54, 66, 67, 72, 80, 81, 104, 110
Colorado 18
Columella 95
Compsagnathus 11, 53, 54, 64, *66*, *67*
  corallestris 66
Cope, E. D. 18
Corythosaurus 92, *93-95*
  bicristatus 93
  brevicristatus 93
  casuarius 93, 94, 95
  excavatus 93, 94
  frontalis 93
  intermedius 93
Cranium 15

Cryptocleidus (Plesiosaurier) 68
Cuckfield 18, 84
Cynognathus 29, 32

D

Darmbein (*Ilium*) 38
Daumen 34, 36, 56, 86
Deinocheirus 80, *80*
Deinonychus 14-15, 79, *79*, 80
Delphin 47
Deutschland 30, 32, 39, *40*, 43, 46, 47, 66, 68
Devon 12, 14-15, 20-22, 26, 43
Dicraeosaurus 64, *65*
Dicynodantia 25
Dicynodon (Zweizahnsaurier) 25
Dimetrodon 24, 25
Dimorphodon 49
Dinosaurier *siehe* einzelne Namen
  Stammbaum 15-17
  Entwicklung 30-38
  Aussterben 110
  fleischfressende 31-5, 52-3, 76-81
  pflanzenfressende 34-9, 56-63, 82-101
  Rekonstruktion 17, 18-19
Diplocodus 18, 56, *57*, 58
Dotter *23*
Draco 41, *42*, 111
Dreijochzahnechsen *siehe* Trilophosaurier
Drüse (der Archosaurier) 32

E

Ebene 43, 46, 60, 63, 64, 76, 103, 108, 110
Echsen 26, 28-30, 32, 33, 38, 40-42, 44, 45, 50, 53, 61, 64, *75*, 81, 84, 94, 104, 110, *111*
Echsenbecken - Dinosaurier *siehe* Saurischia
Eckzähne 25
Edaphosaurus 24, 25
Edmontosaurus 92, *93*
  regalis 93
Eidechsen *75*, 67
Eier 15, 17, 22-24, 26, 31, 47, 56, 61, 81, 96, 104, 111
Eierstöcke 61
Eiräuber 81
Eiskappe 26
Elasmosaurier 107
Elefant 10, 56
Elefantenfuß-Dinosaurier *siehe* Sauropoden
Ellbogen 24, 31, 48, 49, 58, 68
Embryo 22-24, 68, 110
Ende der Dinosaurier 110
England 36, 39, 46, 49, 62, 70, 82, 86, 90, 102, 103

Entenschnabelechsen *siehe* Hadrosaurier
Entwicklung (der Dinosaurier) 20-2, 24-5, 30-1, *93, 100-1*
Eozän 70
Erdaltertum *siehe* Paläozoikum
Erdmittelalter *siehe* Mesozoikum
Erdneuzeit *siehe* Känozoikum
Erdurzeit *siehe* Azoikum
Erythrosuchus 30
Eule 74, *75*
Euoplocephalus 14-15, *82*
Euparkeria 26, 28, 31, *32*, 33, 34, 38
Europa 26, 30, 34, 36, 41, 46, 72, 84, 88, 90
Eusthenopteron 20
Expeditionen 18, *19*

F

Fabrosaurus 14/15, 38, *39*, 50, 60
Fährte *17, 34*, 36, 61, 86
Fallschirmsaurier 28, 42, 45, 48, 54
Farn *27*, 40, 41, 50, *51*, 64, 98, 102
Feder 17, 37, 48, 54
Finger 33, 35, 40, 53
Fische 12, 14-15, 20, 22, 26, 30, 31, 43, 44, 47, 67, 69, 74, 103, 107, 108, 111
Fischechsen *siehe* Ichthysaurier 68
  Schmalflossen- 68
  Breitflossen- 68
Fischvogel *siehe* Ichthyornis
Flamingo 74
Flederhunde 48, 61
Fleischesser 14-15, 25, 33, 35, 36, 40, 72, 76, 79, 80, 88, 104
Flosse 20, 22, 47, 68, 71, 103
Flügel 48, 49, 54, 55, 71, 74, 108
Flug 48
Flugdrachen *siehe* Draco
Flughaut 48, 55, 111
Flugsaurier *siehe* Pterosaurier
Fluß 16, 20, 26, 29, 30, 40, 41, 48, 50, 63, 84, 88, 103, 108
Flußpferd 57
Fossil 16
  Entstehung 16-17
fossile Kotballen *siehe* Koprolithen
Formationen 12
Frankreich 23, 46, 66, 90, 103, 110
Frosch 74
Früchte 86, 90
Fußabdruck *17, 34*, 35, 36, 40, 50, 52, 56, 57, 61, 76, 86

G

Galapagos-Inseln 111
Galliminus 17
Geburt 17, 68
Gecko 50
Gehirn 17, 21, 49, 56, 58, 62, 63, 88, 94, 95
Gehirnschädel (Abguß) 95
Gehör 94, *95*
Gehörgänge 95
Gephyrostegus 21
Geologe 12

Germanisches Becken 43
Gerrothorax 41
Geruchssinn 21
Geruchszentrum *95*
Geschlechtsorgane 61
Ginkgobaum 50, 74, 104
Giraffenhalsechse *siehe* Tanystropheus
Glattechse 50
Gleitechsen *siehe* Kuehneosaurus
Gleitflugreptilien 45
Gliedmaßen (Entwicklung) 20-21, *20-21*, 30-31, *30-31*, 38
Gliny (Insel) 44, 45, *44-45*
Globidens 108
Glykogendrüse 63
Gobi (Wüste) 18, 81
Gondwanaland 26, 110
Goniopholis 103
Graculavus 74, *75*
Großsaurier *siehe* Archosaurier
Großschnabelechsen *siehe* Rhynchosaurier

H

Haarkleid 17, 25, 37, 49
Hadrosaurier 14-15, 72, 74, 90, 92, 94-96, 106
  Entwicklung 90-91
  Niedrigschädlige 92
  Hohlkamm-Hadrosaurier 92
  Knochenkamm-Hadrosaurier 92
Hai 50
Haken 69
Halbwüste 39
Hals 32, 33, 35, 36, 44, 45, 56, 58, 64, 70, 79-81, 90, 99, 108
„Handtier" *siehe* Chirotherium und 43
Haut 17, 20, 25, 30, 32, 33, 41, 48, 68, 90, 103, 111
Hautmuster *17, 70*
Heidekraut 74
Helmkasuar 79
Herde 36, 56, 60-63, 85, 88
Hering 21, 75
Hesperornis 74, *106*
Heterodontosaurus 39
Himalaja 48
Hochland 39
Höhle 16, 28, 40-45, 47
Hohlformen, natürliche 16, 30
Hohlkamm-Dinosaurier 93
Hohlknochen-Dinosaurier *siehe* Coelurosaurier
Holland 46, 90
Holoptychius 12, 12
Holzmaden 68
Horn 16, 58, 88, 98, 100, 101
Horndinosaurier (siehe Ceratopsia)
Hüfte 24, 31, 34, 57, 61-63, 68, 78, 82, 99
Hufe 60, 61, 86, 90, 96
Hyäne 53
Hydrotherosaurus (Elasmosaurier) *107*
Hylaeosaurus 102
Hylonomus 21
Hypophyse 95
Hypacrosaurus altispinis 93
Hypsilophodon 14-15, 86, *87,* 89, 98, *102*

I

Ichthyornis 74, 106, *107*
Ichthyosaurier 26, 47, 50, 68, 69, 70, 75, 106, 107
Ichthyosaurus 14-15, *68,* 70
Ichthyostega 20, 21
Iguanodon 14-15, *17,* 18, *34-35,* 85, 86, 90, *103*
Iguano *siehe* Leguan
Igel 75, 110
Indien 26, 30, 41, 46, 72, 108
Innentemperatur *siehe* Temperatur, Warmblütler
Insekt 22, 30, 33, 40, 53, 64, 67, 74, 81, 104
Italien 26

J

Jahreszeiten 20, 22, 40, 102, 110
Japan 46
Jordan 46, 47
Jura 12, 14-15, 29, 32, 49, 50, 52, 60, 62-64, 66, 68-70, 72, 76, 82, 98, 102, 104, 110, 111

K

Kalk, doppelkohlensaurer 24
Kalkstein 23, 41, 43, 66
  lithographischer 66
Kalmar 69
Kaltblütler 24
Kalzium 24
Kalziumkarbonat 23, 24
Kalziumphosphat 16
Kambrium 14-15
Kamm 48, 90, 92, 94, 108
Kanada 76, 89
Känozoikum 12
Karbon 12, 22, 24
Kasachstan 49, 90
Kaulquappe 15, 22
Kentrurosaurus 62, 64, *65*
Kiefer 24, 25, 41, 42, 60, 69, 71, 86, 95, 99, 101
Kiefermuskeln 24, 32, *99,* 99-101
Kiemen 15, 20, 47
Kirgisische Sowjetrepublik 48
Klaue 56, 79, 80, 86, 95
Klauentragende Dinosaurier 79, *79,* 80, *80*
Kleinhirn 95
Kliff 43, 44
Klima 20, 26, 50, 70, 110
Knie 24, 21, 48, 49, 68
Knochen 16-18, 37, 40, 43, 45, 54
Knochenfisch 21, 26, 40, 47, 50, 75, 106, 110
Knochenhelm 88
Knochenkamm-Hadrosaurier *siehe* Hadrosaurier
Knochenring 95
Knochenstrahlen 20

113

Knöchel 48, 49
Knöterich 74
Königskrabbe 67
Kohlendioxid 22, 24
Kollagen 16
Komodowaran 75
Koniferen 27, 40, 50, 51, 73, 74, 95, 102
Kontinentalverschiebung 26, 27, 50, 51, 72, 73, 110
Kontinente 10, 22
Kopffüßer 69, 71, 106, 108, 110
Koprolithen 17, 69
Kormorane 74, 75
Krake 69
Kralle 33, 36, 38, 56, 79, 95
Krankheit 17, 24
Kreidezeit 12, 32, 50, 58, 70–72, 74–76, 78, 80, 82, 84, 86, 88–90, 95, 98, 99, 102–104, 106, 108, 110, 111
Kritosaurus 93
  incurvimanus 93
  navajovius 93
  notabilis 93
Krokodil 16, 26, 30, 31, 41, 50, 67, 70, 75, 94, 103, *111*
Kronenkranich 61
Krustentiere *(Krustazeen)* 28, 40, 47, 67
Kuehneosaurus 41, *42*, 44, 48, 50, 111
Küste 16, 39, 43, 44, 47
Kurzschild-Dinosaurier
  siehe Ceratopsia

L

Lachs 21, 75
Lagune 16, 66, 67
Lambeosaurus 92, *93*, *94*
  clavinitialis
  lambei 93
  magnicristatus 93, 94
Laos 90
Laurasia 26
Leguane (Iguana) 50, 84, 111
Leptoceratops 100, 101
Lewes 84
Libelle 67
Liopleurodon 68–69, 70
Lonchodytes 74
London 84
London-Plattform 102
Londoner Kristallpalast 85
Londoner Weltausstellung von 1851 85
Longisquama 48, 49, 50, 54
  insignis 49
lufthaltige Knochen 49, 54
Luftröhre 94
Lungen 20, 58, 61, 92, 94
Lungenfisch 20
Lycaenops 25
Lystrosaurus 26, *28*, 30

M

Maassaurier 107, 108
Macrocnemus 44
Magen 61, 69, 95

Mageninhalt 17
Magnolie 74
Mantell, G. 84, 86
Marsh, O. C. 18
Massospondylus 35
Mastodonsaurus 41
Meer 20, 46, 50, 68–71, 106–7
Meeresschildkröte *siehe* Schildkröte 50, 67, 71, 75, *103*, 106, 111
Megalosaurus 38
Mensch 14, 58, 88, 100, 111
Mesozoikum 12
Meteorit 12
Metriorhynchus 68
Millerosaurus (Millerechse) 30
Mineral 16, 24
Mittlerer Osten 26
Mixosaurus 46, 47
Möwe 94
Mond 12
Mongolei 23, 76, 79, 80, 90, 92, 98, 100
Mongolisch-polnische Expedition 18, 22, 81
Monoclonius 100, 101
Monsun 102
Morganucodon 25, 42
Mosasaurier 14–15, *106*, 107, 108
Muschel 12, 41, 47, 107
Museum 16, 18, 66
Muskeln 18, 30, 54, 60, 99, 100–101

N

Nahrungskanal 25
Nahrungskette 25, 36, 50
Nasengang 92, 94
Nasenknochen 90, 92
Nasenlöcher 30, 56, 58
Naturgeschichtliches Museum zu Brüssel 85
Neuseeland 42, 106, 111
Niederung 39, 50, 76
Nigeria 110
Nizza 66
Nordamerika 26, 30, 31, 34, 36, 39, 41, 58, 64, 72, 74, 86, 88, 90, 92, 100, 110
Nothosaurier (Bastardsaurier) 43, 50, 70
Nothosaurus 26, *44*, 46, 50, 70

O

Oberkiefer 90, 92, *94*
Opal 16
Ophiacodon 24, 25
Ordovizium 12, 14–15
Ornithischia (Vogelbecken-Dinosaurier) 14–15, 16, 38, 50, 60, 62, 64, 72, 82, 84, 86, 90, 106
Ornithodesmus 103
Ornitholestes 52, 53, 67
Ornithomimus 14–15, 80, *81*, 104
Ornithopoden (Vogelfuß-Dinosaurier) 14–15, 16, 60, 62, 72, 84, 86, 88, 90, 98, 99
Ornithosaurus 32, 33, 35, 52
Osch 48

Ostafrika 41, 58, 62, 64, 102
Osteoarthritis 17
Ouranosaurus 86, *87*
Oxfordshire 18

P

Paarung 56, 61, *61*, 94
Pachycephalosaurier 17, 72, 88–89, 88–89, 102
Pachycephalosaurus 89, *89*
Pachyrhinosaurus 100, 101
Paddel 68–71
Palaeoparadoxia 13, *13*
Palaeoscineus 83, 84
Paläozoikum 12
Pallenland 103
Palme 36, 99–101
Palmwein 100, 101
Pangaea 26, 30, 50
Panzer 12, 16, 30, 41, 47, 58, 62, 63, 84, 86, 95
Panzer-Dinosaurier *siehe* Ankylosaurier
„Papageien-Reptil" *siehe* Psittacosaurus
Parasaurolophus 14–15, 92, *93*, 94, 96–97
  cyrtocristatus 93, 94
  tubiciens 93
  walkeri 93
Parasuchia *siehe* Phytosaurier
Parkinson, J. 52
Passionsblume 74
Pelycosaurier 24
Pentaceratops 101
Perm 12, 14–15, 22, 24–26
Pfau 61
Pflanzensaurier *siehe* Phytosaurier
Pflasterzahnsaurier 14–15, 26, 47, 50, 108
Pfeilschwanzkrebs 66
Pholidophorus 69
Phytosaurier (Pflanzensaurier) 14–15, 30, 31, 50
Pigmentzellen 68
Pilgermuschel 108
Pinguin 68, 71
Pistia 74
Placochelys 47
Placodontia *siehe* Pflasterzahnsaurier
Placodus 47
plastische Verformung 16
Plateosaurus 14–15, 19, 36–37, 36–37, 40
Plegadornis 74
Plesiosaurier (Schwanenhalsechsen) 14–15, 26, 50, 70, 71, 75, 107
Pliosaurier 70, 71, 106, 107
Plot, R. 52
Podopteryx 48, 49, 50
  mirabilis 49
Polacanthus 14–15, 82, *83*, 102
Pole 26, 110
Polen 43, 46
Pollen 74, 94
Polnisch-mongolische Expedition 18, 22, 81
Polygonum (Knöterich) 74
Poren 24
Portugal 66
Pottwal 69
Praedentale 39, *39*, 86, 90, 95

Präkambrium 12
Primaten 75
Primel 74
Procheneosaurus 92, *93*, 94
  crenibrevis 93, *94*
  erectofrons 93
  praeceps 93
Procolophon 42
Proganochelys 41
Prolacerta 29
Prosaurolophus 92, *93*, 94
  maximus 93, *94*
  walkeri 94
Proterosaurus 43
Proterosuchus 26, *28*, 30, *31*
Protoceratops 23, *23*, 81, *81*, 99, *99*, 100, *100*
Protosuchus 31, *31*
Psittacosaurus 14-15, *98*, 99
Pteranodon 11, 108, *109*
Pterodactylus 48, 66, *67*
Pterosaurier 14-15, 44, *45*, 48, *49*, 50, 53, 55, 64, 67, 103, 108, 110
Purgatorius 75
Python 75, 111

Q

Quartär 12
Quastenflossen 20
Quetzalcoatlus 109

R

Radioaktive Altersbestimmung
  siehe Altersbestimmung
Räuber 22, 30, 32, 63, 95, 96, 106
Ralle 74, *75*
Raubtierfuß-Dinosaurier
  siehe Theropoden
Regentropfeneindrücke 40
Regenwald 42
Reptilien 14-15, 16, 22-24, 26, 30-32, 37, 39, 50, 61
  fliegende *siehe auch* Pterosaurier 48-9
  marine 46-7, *46-7*, 68-71, *68-71*, 106-7, *106-7*
Rhamphorhynchus 64, *65*, 66
Rhinozeros 56, 84, 100
Rhynchocephalia 14-15, 42
Rhynchosaurier 41, 50
Rhynchosaurus 41
Rippen 41
Rippenkorb 17
Rochen 50
Rose 74, *75*
Rotes Meer 72
Ruder 47, 66
Rückenschild 12, 16

S

Sachalin 90
Säugetier 14, 15, 24, 25, *25*, *28*, 29, 34, 37, 39, 41, 42, 50, 53, 60, *75*, 81, 94, 110
Säugetierähnliche Reptilien 24-26, 29-32, 36, 39, 48, 61
Sahara 86
Salvinia 74
Salzdrüse 32
Sand 14, 23, 36, 40, 41, 86
Sanddüne 27, 39
Sandstein 18, 30
Sandsturm 40
Sauerstoff 20, 22, 24, 25
Saurischia 14-15, 16, 38, 39, 50, 72, 76, 82, 104
Saurolophus 19, 92, *93*, 94
  angustirostris 93
  osborni 93, 94
Sauropoden 14-15, 16, 23, 35, 36, 38, 50, 52, 57, 58, 62, 64, 72, 76, 82, 96, 104
  Eier 23, *23*
Savanne 20, 110
Scelidosaurus 14-15, *62*, 82
Schachtelhalme 27, 40, 50, 51, 64, 90, 99, 103
Schädel 21, 24, 32, 33, 45, 70, 88, 89, 92, 98, 99
Schalentiere 16, 28, 40, 47, 50, 74, 106, 108
Schambein 38, 54
Schildkröte 16, 41, 47, 50, 62, *67*, 75, 82, 111
Schlamm 14, 20, 22, 36, 40, 41, 52, 56, 74
Schlange 14-15, 71, 75, 111
Schnabel 32, 47, 60, 80, 81, 86, 90, 92, 99, 100, 108
Schnabelköpfe *siehe* Rynchocephalia
Schneeball (Viburnum) 74
Schneidezähne 25
Schottland 30
„Schreckensklaue" *siehe* Deinonychus
„Schreckliche Hand" *siehe* Deinocheirus
Schritt 24, 31
Schulter 24, 31, 34, 45, 57, 61, 68
Schuppen 48, 54, 69
Schwanenhalsechsen *siehe* Plesiosaurier
Schwanz 15, 17, 30, 31, 33, 34, 36, 40, 45-47, 52-58, 61-63, 70, 72, 76, 80, 86, 89, 90, 95, 96, 99, 100
Schwanzflosse 26
Schweiz 35, 46, 47
Schwimmen 30, 43, 44, 46, 67, 69, 70-71, 86
Schwimmfüße 17, 47, 90, 95
Schwimmhäute 90
Scolosaurus 14-15, *83*, 84
Sediment 16, 20
See 16, 20, 26, 29, 30, 40, 41, 48, 50, 74, 108
Segel, hautbedeckte 25, 78, *78*, 86
Sehvermögen 94, *95*
Sehzentrum 95
Sekretär 54
Sequoia 74
Seymouria 21
Shansisuchus 30, *31*
Siliziumdioxid 74
Silur 12, 14-15
Sitzbein (Ischium) 38
Skelett 16, 17, 18, 30, 32, 35, 40, 45, 49, 54, 58, 85

Solnhofen 49
Sonne 38
Sordes pilosus 48, 49
Speiseröhre 61
Sperma 61
Sphenodon 111, *111*
Spinosaurus 14-15, *78*, 78, 79, 86
Spitzmäuse 75, 116
Stacheldinosaurier *siehe* Stegosaurier
Stacheln 62-4, 72, 82, 84, 92, 100
Stagonolepis 30, *31*
Stegoceras 10, 14-15, 88-89, *89*
Stegosaurier 14-15, 16, 62, *62-63*, 72, 82
Stegosaurus 14-15, 18, 62, *62-63*, 64, 82
Steinbrechgewächse 74
Stoffwechsel 10, 24, 25, 37, 38, 42
Stonesfield 18
Storch 74
Strahlenflossen 20
Strauß 81
Sturmböcke 88
Sturzflut 40
Styracosaurus 100, 101
Subtropisch 20
Südafrika 26, 36, 38, 41
Südamerika 26, 41, 72, 74, 90
Südatlantik 72
Südostasien 75
Südwales 41
Sumpf 16, 22, 24, 43, 56, 58, 62-64, 86, 95
Sumpfschildkröte 75
Sussex 18, 84

T

Tanystropheus 44, *45*, 46
  longibardians 44
Tarbosaurus 76
Tasthaare 25
Teich 20, 40, 103
Teichhuhn 74
Telmatornis 74
Temperatur 10, 25, 37, 38, 54, 78, 79, 110
Tenontosaurus 86
Tentakel *69*
Termite 74, *75*
Tertiär 12
Tessiner Alpen 35, 46
Tethysmeer 26, 28, 29, 39, 43, 44, 46, 47
Thecodontosaurus 35, *35*
Therapsida (Säugetiervorläufer) 25
Theropoden 14-15, 16, 104
Thrinaxodon 25, 29
Ticinosuchus 34, *35*-38, 43, 44
Tonstein 18
Torosaurus 101, *101*, *104*
Trapa 74
Trias 12, 14-15, 25, 26, 28-32, 34, 36, 38-41, 43-48, 50, 52, 53, 56, 60, 68, 70, 72, 74, 108, 111
Triceratops 10, 14-15, 18, *101*, *104*
Trilophosaurier 42
Trilophosaurus 43
Trockenheit 20
Trockenrisse 40
Truthahn 89

Tschimkent 49
Tsintaosaurus 92, *93*
  spinorhinus 93
Tuatara-Brückenechse 42, *111*
Tunesien 32, 46, 47
Tylosaurus 106
Typothorax 30
Tyrannosaurus 11, 14–15, 18, 76, *77*, 104, *105*

U

Übersommern 20
Urraubsaurier (Pelycosaurier) 24
Uran 14
Usbekistan 90

V

Velociraptor 81, *81*
Venen 37, 58, 80
Verdauung 10, 25, 74
Vertebraten *siehe* Wirbeltiere
Vögel 15–17, 25, 30, 32, 37–39, 48–50, 54, 55, 61, 63, 74, 75, 81, 106, 108, 110, *111*
Vogelbecken-Dinosaurier
  siehe Ornithischia
Vogelfuß-Dinosaurier
  siehe Ornithopoden

W

Waran 75
Warmblütigkeit 15, 25, 37, 49, 61
  siehe auch Temperatur
Wasserlilie 74
Wassernuß 74
Wassersalat 74
Watvögel 74, *75*
Weichtiere 24, 25, 41
Weinrebe 74
Wight, Isle of 86, 89
Wirbel 44, 80
Wirbelsäule 15, 22, 25, 63, 56, 58, 76, 88
Wirbeltiere 12, 15, 16, 20–22, 26
Wolfsmilch 74
Württemberg 68
Wüste 16, 18, 27, 40

Y

Yaleosaurus 42
Yaverlandia 89, 102
Youngina 30

Z

Zähne 16, 17, 24, 25, 30, 32, 33, 35, 39, 41, 42, 44, 47, 50, 52, 55, 60, 61, 68–71, 76, 78, 80, 84, 86, 90, 95, 99–101
Zahntaucher *siehe Hesperornis*
Zeitalter, erdgeschichtliche 12
Zweizahnsaurier (siehe *Dicynodontia*)
Zunge 60, 86

Bildnachweis (Fotos)

Britisches Museum (Naturgeschichte): S. 12–13 (2), S. 23, oben rechts, 70, 83; C. M. Dixon: S. 13; L. B. Halstead: S. 17 (rechts), 23 (unten rechts), 34, 48; Imitor: S. 13; Z. Kielan-Jaworowska: S. 17 (oben links, unten rechts), S. 19 (4), S. 80, 81; Arnoldo Mondadori Editore: S. 21; Novosti: S. 23 (unten links); Paläontologisches Institut der Universität Zürich: S. 46; Paläontologisches Museum der Humboldt-Universität, Berlin: S. 66; C. A. Walker: S. 17 (unten links); H. W. Wienert: S. 106.